C.H.BECK WISSEN

in der Beck'schen Reihe

Direkt oder indirekt begegnet uns die Bibel auf Schritt und Tritt. Von vielen wird sie das „Buch der Bücher“ genannt, obwohl sie zugleich ein „Buch aus Büchern“, eine vielfältige Büchersammlung ist. Im Laufe der Geschichte wurde die Bibel immer wieder neu interpretiert. Christoph Dohmen führt kompetent und verständlich in die verschiedenen Ansätze, Formen und Ziele der Bibelauslegung ein. Was sachlich fundierte Bibelauslegung sein kann, nämlich eine Brücke zwischen altem Text und heutigem Leser, macht dieses Buch deutlich.

Christoph Dohmen, geb. 1957, lehrt als Professor für Exegese und Hermeneutik des Alten Testaments an der Universität Regensburg. Er ist Mitglied der päpstlichen Bibelkommission in Rom und Herausgeber der Kommentarreihe „Neuer Stuttgarter Kommentar – Altes Testament“. Zuletzt erschienen von ihm: „In Gottes Volk eingebunden“ (2003), „Exodus 19–40“ (2004), „Das große Sachbuch zur Welt und Umwelt der Bibel“ (2005) sowie „Das Buch der Bücher“ (2005, mit Thomas Hieke).

Christoph Dohmen

DIE BIBEL UND IHRE AUSLEGUNG

Verlag C.H.Beck

1. Auflage. 1998
2., durchgesehene Auflage. 2003

3., durchgesehene Auflage. 2006

Originalausgabe

Gesamtherstellung: Druckerei C. H. Beck, Nördlingen
Umschlagentwurf: Uwe Göbel, München
Printed in Germany
ISBN-10: 3 406 43299 9
ISBN-13: 978 3 406 43299 6

www.beck.de

Inhalt

Zur Einführung

Direkt oder indirekt begegnet uns die Bibel auf Schritt und Tritt. Nicht nur in den großen Kulturgütern des Abendlandes, den Werken der bildenden Kunst, Literatur und Musik, sondern auch im Alltag. Da wirbt eine Luftfahrtgesellschaft mit dem Leitmotiv des Kohelet-Buches „Nichts Neues unter der Sonne", aber kaum einer nimmt dies als Bibelspruch wahr. Nachdenklich wird die Öffentlichkeit schon eher, wenn der Drehbuchautor großer Erfolgsfilme wie „Tanz der Vampire", „Der Bär" oder „Der Name der Rose", Gérard Bracher, unumwunden gesteht, daß er seine Inspirationen aus der Lektüre des Alten Testamentes bezieht. Darüber hinaus sind es aber auch die zahllosen Themen, Motive oder Figuren der Bibel, denen sich auch moderne Künstler, Literaten und Komponisten immer wieder stellen, die zu einer bewußten oder unbewußten Begegnung mit der Bibel führen. Daß unsere Kultur so tief von der Bibel durchdrungen ist, hat nicht nur dazu geführt, vom *christlichen* Abendland zu sprechen, sondern auch dazu, daß vielen Europäern die zwei- bis dreitausend Jahre vergangene Kultur des Vorderen Orients vertrauter und bekannter erscheint als zum Beispiel das europäische Mittelalter. Aber gerade der Blick auf die Verbindung zwischen Bibel und altorientalischer Kultur läßt die Besonderheit der Bibel für die heutige Zeit deutlicher hervortreten. Trotz sehr vieler und großer Gemeinsamkeiten zwischen biblischer und altorientalischer Literatur derselben Zeit und desselben Kulturraums, hat die Bibel als heute gelesenes Buch ihre Besonderheit. Anders als bei jedem anderen antiken Literaturwerk geschieht die Auslegung biblischer Texte in irgendeiner Weise immer – abgesehen von rein wissenschaftlich orientierter Beschäftigung durch Sprach-, Literatur- oder Religionswissenschaft – auf dem Hintergrund der Bedeutung, die die Bibel heute hat. Diese Bedeutung bringen viele Menschen oft schlicht – aber darin gerade auch präzise – in der Form zum Ausdruck „die Bibel hat mir etwas zu sagen", wobei sich in dieser doppeldeutigen, indikativisch oder imperativisch aufzufassenden Form sowohl das Erfahrungsmoment (sie hat mir gesagt) als auch das Hoffnungsmoment (sie soll mir sagen) zu Wort melden. Unabhängig von der Frage, ob man diesen Standpunkt teilt oder wie man im einzelnen zu ihm steht, muß man ihn sehr wohl zur Kenntnis nehmen, denn nur von ihm her ist zu verstehen, warum man sich auch im 20. Jahrhundert noch um ein immer neues Verstehen biblischer Texte bemüht bzw. über deren Auslegung diskutiert und streitet. An der Bibelauslegung scheiden sich auch heute noch die Geister, weil die einen sie Spezialisten, Bibelwissenschaftlern, Theologen oder auch der Kirche vorbehalten wollen, während andere im unmittelbaren, lebendigen Umgang mit den Texten – fernab von aller Wissenschaft – das wahre und richtige Verstehen der Bibel zu finden glauben. Die Fragen, was bei der Bibelauslegung wichtig sei, nach welcher Methode sie vorzugehen habe und wer dies leisten könne, dürfe oder müsse, drängen sich folglich von unterschiedlichen Seiten her auf. Die vorliegende Einführung will auf diese Fragen Antworten geben, indem sie zuerst den Gegenstand, die Bibel, in ihrer Besonderheit beleuchtet.

Was ist die Bibel? Nur eine zufällige Sammlung alter Bücher oder mehr als ein Buch? Dies gilt es zu klären, um einerseits verstehen zu können, warum die Bibel im Laufe der Geschichte so unterschiedlich ausgelegt wurde, und um andererseits beurteilen zu können, welche Art der Auslegung adäquat ist, d. h. der Eigenart des Gegenstandes entspricht. Bevor allerdings unterschiedliche Auslegungsarten vorgestellt werden können, muß zuerst theoretisch betrachtet werden, was denn eigentlich *Auslegung* eines Textes bedeutet. Dies kann nur auf der Basis der Einsichten der Literaturwissenschaft geschehen, denn die Bibel ist ein Buch und muß als solches unabhängig vom Glauben an ihre Botschaft ernstgenommen werden. Gerade mit Blick auf den skizzierten vielfältigen Umgang mit biblischen Texten mündet die Betrachtung an diesem Punkt in der Frage, ob es richtige und falsche Auslegungen eines Textes gibt. In bezug auf die Bibel ist dies von kaum zu überschätzender Bedeutung, weil die unterschiedlichsten – nicht nur religiösen –

Ansprüche aus der Bibel bzw. aus einer je anders gearteten Auslegung abgeleitet werden. Mit dem Hinweis „Das steht schon in der Bibel" wird auch heute noch versucht, die unterschiedlichsten Ansichten und Meinungen zu legitimieren, und die Frage, wer denn die Bibel richtig versteht, interessiert nicht erst, wenn eine Kirchenleitung ihre Theologen maßregelt. Der unvoreingenommene Blick auf das, was hinter aller Auseinandersetzung steht – das eigentliche Problem –, ist auch und gerade bei der Bibelauslegung nötig. Ein derart systematischer Überblick über das Wesen der Bibelauslegung führt selbst zu unterschiedlichen Zielen. Zum einen wird ein tieferes Verständnis der Geschichte des Christentums und der abendländischen Kultur ermöglicht, zum anderen wird eine Orientierung in den heute oft konkurrierenden Auslegungsarten der Bibel – z. B. der historisch-kritischen, der tiefenpsychologischen, der materialistischen, der existentialen und der feministischen – in bezug auf deren Möglichkeiten und Grenzen geboten. Schließlich gibt der Überblick aber auch Auskunft über das Christentum selbst, weil es in seinem tiefsten Kern von der Auslegung der Bibel bestimmt ist, was auch die Namensgebung „Christentum" bzw. „Christen" schon festhält. Sie bezieht sich nämlich auf ein Bekenntnis zu einer spezifischen Bibelauslegung: Jesus (von Nazaret) ist der Messias (griech.: christos = der Gesalbte) der Bibel Israels! Damit ist eine noch tiefer liegende Besonderheit des Christentums berührt, die seinen Ursprung, der im Judentum liegt, betrifft. Als Religion ist das Christentum keine Neugründung, sondern es geht darauf zurück, daß Juden ihren Glauben an Jesus von Nazaret als Messias Israels durch eine Auslegung ihrer Heiligen Schrift zum Ausdruck gebracht haben. Diese Deutung hat sich dann später selbst in Büchern niedergeschlagen, die nach der Herauslösung aus dem Judentum als eigenständiger Teil zur vorhandenen Bibel hinzugesetzt wurden. Damit ist ein – oder gar *das* – Basisproblem christlicher Bibelauslegung angesprochen: Wie ist das Verhältnis zum Judentum, und was bedeutet dies für das Verstehen der Bibel Israels, die als erster und größter Teil, als sogenanntes Altes Testament, in die christliche Bibel eingegangen ist. Dieses religionsgeschichtlich völlig singuläre und eigentümliche Phänomen der christlichen Bibel als *einer* Schrift in *zwei* Teilen, der Bibel Alten und Neuen Testaments, deren erster Teil weiterhin Heilige Schrift einer anderen Religion, nämlich des Judentums, ist, hat die Bibelauslegung durch die Jahrhunderte entscheidend geprägt. Bibelauslegung vermittelt aber nicht nur zwischen Judentum und Christentum. Die Einführung möchte die Bibelauslegung darüber hinausgehend von ihrer Brückenfunktion her verständlich machen: als Verbindung zwischen altem Text und heutigem Leser oder weitergefaßt im Kulturkontakt zwischen Abendland und Morgenland durch ein Buch, das zum Allerwelts-Buch wurde, in dem wir sind, auch ohne es zu lesen (Elias Canetti).

I. Die Bibel

1. Ein Buch aus Büchern

Die allzu selbstverständlich klingende Frage nach dem, was die Bibel denn eigentlich sei, steht mit innerer Notwendigkeit am Anfang aller Überlegungen zur Bibelauslegung. Die erste Antwort auf diese Frage geht natürlich dahin, daß die Bibel ein Buch ist, dessen Besonderheit man vielleicht noch durch das Attribut *heilig* charakterisiert. Doch schon wenn man sich den Begriff *Bibel* in seiner Bedeutung genauer anschaut, stellt man fest, daß die Bibel im doppelten Sinn mehr als ein *Buch* ist, nämlich mehr als *ein* Buch und mehr als ein *Buch*. Das Wort *Bibel* leitet sich letztlich vom griechischen *biblia* her, das selbst die Pluralform von *biblion* „Buch(rolle), Schrift, Brief, Dokument" ist. Der griechisch schreibende jüdische Schriftsteller Flavius Josephus benutzt im 1. Jahrhundert n. Chr. diesen Plural *biblia* schon als Begriff sowohl für die Tora, d.h. die 5 Bücher Mose, als auch für die Sammlung aller Heiligen Schriften, und so begegnet der Begriff dann auch für die Gesamtheit von Altem und Neuem Testament in der christlichen Bibel seit dem 4. Jahrhundert. Über das lateinische Lehnwort *Biblia* ist das Wort schließlich zu uns gelangt. Wollte man die Sprachentwicklung von der Plural- zur Singularform sachgerecht wiedergeben, dann müßte man das Wort Bibel eigentlich durch „Büchersammlung" oder „Bücherei" erklären. Das Wort hält also fest, daß es sich bei der Bibel nicht um ein einziges Buch handelt, sondern um eine Zusammenfassung mehrerer Bücher zu einer Einheit. Diese Einheit der Büchersammlung hat allerdings nichts mit modernen Formen von Gesamt- oder Teilausgaben zu tun, wie wir sie vor allen Dingen von den Werken großer Schriftsteller her kennen, sondern die Bibel ist ein aus vielen Büchern gewachsenes Buch.

In der Begriffsentwicklung von „Bibel" spiegelt sich letztlich eine Besonderheit der biblischen Literatur wider. Während wir die literarische – nicht technische – Einheit Buch mehr oder weniger deutlich immer mit der Autorenschaft einer Einzelperson oder eines Teams verbinden, ist diese Vorstellung der Welt, aus der die biblische Literatur stammt, im großen und ganzen fremd. Dort, im alten Vorderen Orient, haben wir es nicht mit *Autorenliteratur*, sondern mit sogenannter *Traditionsliteratur* zu tun. Das soll nicht heißen, daß es keine Autoren gibt, sondern daß im Zusammenhang mit Literatur nicht das uns so selbstverständliche Interesse an denen zu finden ist, die sie produzieren. Wir bringen heute mit dem Begriff des *geistigen Eigentums* zum Ausdruck, daß auch literarische Produktion für uns untrennbar mit Individuen verbunden ist, und als solche gilt uns das schriftlich fixierte Gedankengut als zu schützendes Gut, was sich in der sogar juristisch relevanten Frage nach Plagiaten spiegelt. Anders die antike Traditionsliteratur: Sie ist im wesentlichen an sachlichen und inhaltlichen Zusammenhängen interessiert. Dieses Interesse bestimmt und prägt die Literaturproduktion und ihre Überlieferung. Man sammelt Vorhandenes nicht in Erinnerung an seinen Ursprung, sondern weil es Bedeutung für die je eigene Situation hat. Die Bedeutung, die es hat, schlägt sich schließlich in der Literatur selbst nieder, weil man Erklärendes oder auch aus anderen Zusammenhängen Bekanntes beim Abschreiben von Texten mit in diese einbringt, ungeachtet der Frage, von wem das eine oder andere stammt. Traditionsliteratur ist von hierher im wesentlichen auch *Fortschreibungsliteratur*, weil sich das Überlieferungsinteresse in einer literarischen Produktivität zeigt, die die vorhandenen Texte wachsen läßt, ja, sie im wahrsten Sinn des Wortes immer auf den neuesten Stand bringt. Gerade weil der Gedanke des persönlichen geistigen Eigentums unbekannt ist, geschieht die Überlieferung von Literatur nicht nur im konservierenden Abschreiben, sondern im aktualisierenden Fortschreiben. Solches Sammeln, Fortschreiben, Redigieren und Aktualisieren kann früh schon zu großen literarischen Werken führen, wie wir es beispielhaft am berühmten Gilgamesch-Epos aus dem Zweistromland in seinen sumerischen, babylonischen, assyrischen und hethitischen Versionen nachvollziehen können.

Wenn im Kontext solcher Traditionsliteratur Namen begegnen, dann nicht als Hinweis auf den literarischen Ursprung, also die Verfasser, sondern als Ausdruck eines inhaltlichen, sachlichen Zusammenhangs. Dies wird in der biblischen Literatur besonders deutlich, wenn z. B. im Kontext des Frühjudentums – auch im Neuen Testament – die Rede davon ist, daß man „Mose" liest. In oder aus Mose zu lesen, bezieht sich – über die Vorstellung von Mose als Gesetzesgeber und Offenbarungsmittler – auf die Gesetzesüberlieferung Israels, ganz unabhängig von der Frage der mosaischen Verfasserschaft dieser Texte. Noch deutlicher wird die Besonderheit der Traditionsliteratur beim Prophetenbuch *Jesaja*, das sich zwar nach Ausweis der Bucheröffnung auf einen Propheten namens Jesaja bezieht, der ins 8. und 7. Jahrhundert v. Chr. gehört. Mit Kapitel 40 wechselt in diesem Buch aber nicht nur das Thema und der Stil, sondern hier begegnet auch der Perserkönig Kyros aus dem 6. Jahrhundert v. Chr., und von Kapitel 56 an wechselt im selben Buch schließlich die Situation noch einmal in die Zeit des ausgehenden 6. Jahrhunderts v. Chr., die Zeit der Neukonstitution des Volkes Israel in Jerusalem. Dies alles in einem Buch unter ein und demselben Namen, das mag uns den Blick dafür öffnen, daß die Maßeinheit Buch – im Kontext von Traditionsliteratur – ganz anders gefüllt werden muß, als wir es gewohnt sind und für selbstverständlich erachten.

Für den Bereich der biblischen Literatur läßt sich erst ab dem 2. vorchristlichen Jahrhundert ein einsetzendes Bewußtsein für Autorenliteratur feststellen. Dies geschieht im Horizont der Hellenisierung des Vorderen Orients, denn die in einem Kulturkontakt zuallererst notwendig werdenden Übersetzungen, die auch begrifflich als Kommentierung gefaßt werden (s. u. II. 1.), setzen ebenso wie die in dieser Zeit verstärkt entstehenden Kommentare zu literarischen Werken klar abgegrenzte Literaturwerke voraus. Bei der Übersetzung und Kommentierung sieht man sich nämlich einem deutlich abgegrenzten Werk gegenüber, das man als eigenständige Größe eben übersetzt oder kommentiert. Dabei kommt man notwendigerweise auch zu Fragen, die den Ursprung (Verfasser, Zeit,

Ort) dieses Werkes betreffen. Innerhalb der biblischen Literatur gibt es gerade aus dieser Zeit der Hellenisierung zwei beredte Beispiele für den angesprochenen Übergang von der Traditions- zur Autorenliteratur:

Zum Koheletbuch, das in der klassischen Schulsprache Jerusalems, dem Hebräischen, eine Auseinandersetzung mit griechischem philosophischen Gedankengut bietet, finden sich zwei aufeinanderfolgende Nachworte, die sich mit dem Autor des Buches und seinem Gedankengut auseinandersetzen: „Es ist nachzutragen, daß Kohelet ein Weiser war; ständig lehrte er das Volk Einsicht, und er hörte und forschte; viele Sprüche hat er formuliert. Kohelet suchte Lebenslehren zu finden" (Koh 12,9f.). Die Intention dieses Nachwortes ist deutlich. Der kritische Querdenker Kohelet soll in die klassische biblische Weisheitsliteratur eingeordnet werden. Anders als bei der Traditionsliteratur, wo man durch entsprechende Ergänzungen und Fortschreibungen die Verbindung zu traditionellen Themen des weisheitlichen Denkens hergestellt hätte, wird hier dieser Gedanke abgesetzt vom vorliegenden Buch durch ein Nachwort eingebracht. Und ein weiteres, noch späteres Nachwort, das dem Buch Kohelet und seinem Inhalt sichtlich kritisch gegenübersteht, bietet nun schon seine Überzeugung als Nachwort zum Nachwort: „Es ist zu diesem nachzutragen: Mein Sohn, laß dich warnen! Das viele Büchermachen hat kein Ende und viel Studieren bringt den Leib zur Erschöpfung – mit dem Ergebnis: Man hat alles verstanden. Gott aber fürchte du und seine Gebote beachte" (Koh 12,12f.).

Ein weiteres Beispiel für das beginnende Verständnis von Autorenliteratur findet sich im Vorwort zum Buch Jesus Sirach. Darin führt der Übersetzer die Leser seines Buches in dessen Besonderheiten und die Schwierigkeiten der Übersetzung vom Hebräischen ins Griechische ein. Dabei verweist er schon auf den Autor dieses Buches:

„So fühlte sich mein Großvater Jesus, der sich eingehend mit dem Gesetz, den Propheten und den anderen von den Vätern überkommenen Schriften befaßt und sich darin eine gründliche Kenntnis erworben hatte, gedrängt, auch selbst etwas zu schreiben, um Bildung und Weisheit zu dienen" (aus dem Vorwort des Übersetzers zu Jesus Sirach).

Gerade diese beiden Beispiele geben auch einen Hinweis auf ein weiteres Argument für die Ablösung der Traditionsliteratur durch Autorenliteratur. Beide Bücher, Kohelet und Jesus Sirach, stehen nämlich auf je eigene Weise an der Grenze des biblischen Kanons; so wird noch bei den Rabbinen im 2. Jahrhundert n. Chr. über das Koheletbuch als Teil der Heiligen Schrift diskutiert, und das Buch Jesus Sirach findet sich erst in griechischen und lateinischen Bibelausgaben und nicht in der Hebräischen Bibel, obwohl es einen hebräischen Text des Buches gab. Für das Verständnis der literarischen Eigenart biblischer Literatur ist das im folgenden Abschnitt noch eigens und intensiv zu behandelnde Thema des *Kanons* von entscheidender Bedeutung. Das Phänomen des Kanons impliziert mit seinen formelhaften Prinzipien – dem vorhandenen Text „nichts wegzunehmen und nichts hinzuzufügen" (vgl. Dtn 4,2; 13,1; Koh 3,14) –, daß Texte abgegrenzt werden. Dies bedeutet aber auch, daß sie dem für Traditionsliteratur so wichtigen Phänomen der Fortschreibung mehr und mehr entzogen werden. Als Folge entsteht einerseits die schon genannte Frage nach dem Ursprung des Textes, andererseits findet die aktualisierende Interpretation, die durch Fortschreibung nicht mehr möglich ist, in der Herausbildung von Büchersammlungen ihren Niederschlag. Der Ort, der einem Buch in einer Sammlung zugewiesen wird, gibt Auskunft darüber, wie das Buch verstanden wird oder verstanden werden soll. So findet man das kleine Rutbüchlein in der jüdischen Tradition in Verbindung mit vier Büchern: Dem Hohenlied, dem Buch Kohelet, den Klageliedern und dem Buch Ester, die an den jüdischen Hauptfesten im Gottesdienst verlesen werden, während es in der griechischen Bibelübersetzung (Septuaginta) ebenso wie in der lateinischen (Vulgata) in die Geschichtsüberlieferungen zwischen Richterbuch und Samuelbüchern eingeordnet wird. Auch bei solchen Sammlungen steht das Interesse an inhaltlichen und sachlichen Schwerpunkten im Vordergrund, während Autorenfragen zweitrangig sind.

Die Entstehung von kleineren und größeren Sammlungen biblischer Bücher ist aber z.T. auch Produkt der langen Entstehungsgeschichte biblischer Literatur, die sich uns eben nicht als literarischer Querschnitt durch die hebräische Nationalliteratur oder als Anthologie religiöser Werke u.ä. darstellt. Das Eigene und Besondere der Bibel als Buch besteht in der Vielfalt, eben darin, daß die Bibel ein *Buch aus Büchern* ist. Um dies präziser erfassen zu können und die Eigenart der Bibel zu verstehen, ist es hilfreich, die eingeführte Unterscheidung zwischen *Autorenliteratur* und *Traditionsliteratur* zu beachten, auch wenn sich diese Unterscheidung nicht immer bei jedem Einzelbuch oder Text randscharf durchhalten läßt. Es liegt vielmehr in der Natur der Sache, daß es zwischen beiden Überschneidungen und Zwischenformen geben kann und gibt. Auch heute noch werden Texte von Gremien beispielsweise auf der Basis von Vorlagen durch Mehrheitsbeschlüsse umformuliert und in eine Endfassung gebracht, so daß man hier unter literarischem Gesichtspunkt am Ende auch nicht mehr eindeutig von Autorenliteratur reden kann, auch wenn man diejenigen kennt, die die Vorlage formuliert haben. Gleichwohl kann die Unterscheidung zwischen Traditions- und Autorenliteratur, helfen, auch Einzeltexte in ihrer Besonderheit besser zu verstehen. Bei Traditionsliteratur ist z.B. mit logischen oder stilistischen Brüchen im Text als Spuren des Traditionsprozesses zu rechnen, während bei Autorenliteratur von einer größeren Geschlossenheit in bezug auf Sprache, Stil, Inhalt und Intention auszugehen ist.

Mit der Beobachtung, daß wir es in der Bibel überwiegend mit Traditionsliteratur zu tun haben, ist die zum Wesen dieser Literatur gehörende lange Entstehungsgeschichte verbunden. Schon in den ersten fünf Büchern der Bibel, dem Pentateuch, findet man unter literaturgeschichtlichem Gesichtspunkt Materialien aus mehreren Jahrhunderten versammelt.

Weil aber genaue Datierungen bei vielen biblischen Schriften überaus schwierig sind, denn Autorenpersönlichkeiten aus exakt bekannten Epochen fehlen, versucht man, die Literaturgeschichte der Bibel von einschneidenden Ereignissen her zu konzipieren. Den deutlichsten Einschnitt in diesem Sinne stellt das sogenannte babylonische Exil (587–539 v. Chr.) dar, weil der Verlust des Landes und die Zerstörung des Tempels ebenso wie die durch das Edikt des Perserkönigs Kyros ermöglichte Rückkehr der Exulanten ihren Widerhall in den theologischen Entwürfen biblischer Schriften gefunden haben. Von hierher kann man die biblische Literaturgeschichte zunächst in drei Hauptphasen einteilen, wenn man die eigens zu behandelnden neutestamentlichen Bücher zurückstellt (s. u.).

1. die vorexilische Zeit (?–587 v. Chr.)
2. die exilische Zeit (587–539 v. Chr.)
3. die nachexilische Zeit (539–?)

Diese Grobgliederung zeigt am Anfang und am Ende Unsicherheiten – durch das ? markiert –, die sich daraus ergeben, daß es sehr unterschiedliche Auffassungen über die Anfänge der Literatur (mündliche Vorstufen, Arten von Schriftzeugnissen u. ä.) gibt und daß das Ende von der Fixierung auf einen bestimmten Kanon (s. 2.) abhängt. Verteilt man die gesamte Literatur auf diese drei Phasen, so wird schnell deutlich, daß die größte literarische Produktivität in der Zeit des Exils lag, was ja auch insofern verständlich ist, als man die nationalreligiöse Krise dieses Ereignisses aufzuarbeiten hatte und sich in neuer Umgebung neu orientieren mußte.

Diese Konzentration der literarischen und damit auch theologischen Arbeit in der Exilszeit wird noch deutlicher, wenn man die Phasen der Literaturgeschichte mit den Hauptphasen der allgemeinen Geschichte in Verbindung bringt. Die Geschichte Israels in der Zeit der Entstehung der biblischen Literatur kann man ebenso wie die literaturgeschichtlichen Epochen dreiteilen, wenn man sich als Kriterium an der staatlichen Organisation Israels orientiert. Folgende Phasen lassen sich dann unterscheiden:

1. die vorstaatliche Zeit (? – bis ca. 1000 v. Chr.)
2. die Zeit der Staatlichkeit (ca. 1000–587 v. Chr.)
   [587–539 v. Chr. Zeit des Exils]
3. die Zeit der Substaatlichkeit (539 v. Chr. bis ?)

Bei dieser Einteilung sind auch wie bei der zur Literaturgeschichte die Eckpunkte unsicher bzw. abhängig von den anzulegenden Kriterien. Das Anfangsdatum hängt hier von der heute schwer zu beantwortenden Frage nach den *Anfängen Israels* ab, d.h. dem Problem, welche Gruppen der vorderorientalischen Bevölkerung zum späteren Volk Israel geworden, bzw. in dieses mit eingegangen sind. Für das Ende stellt sich wiederum parallel zur Literaturgeschichte die Frage, was man noch zur *Geschichte Israels* rechnen will (die Zerstörung des Jerusalemer Tempels durch die Römer 70 n. Chr. oder den sogenannten *Bar-Kochba-Aufstand* 135 n. Chr.). Im Blick auf diese Einteilung fällt das Exil fast schon als kurzes Intermezzo heraus. Nur in der Verbindung mit der Literatur- bzw. Glaubens- und Theologiegeschichte Israels wird das Exil als Wendepunkt der Geschichte begreifbar.

Wenn bis hierher für die Literaturgeschichte der Bibel die Schriften und Bücher des Neuen Testamentes nicht berücksichtigt worden sind, dann hängt dies damit zusammen, daß die für die christliche Bibel konstitutive Einteilung in zwei Teile, nämlich Altes und Neues Testament, nur zu erklären und zu verstehen ist auf dem Hintergrund einer schon entstandenen Büchersammlung, die als *Heilige Schrift* (Bibel) zur Zeit der Entstehung des Christentums bereits abgeschlossen vorlag. Für Jesus, seine Jünger und die frühe Kirche gab es als Heilige Schrift nur genau diese Büchersammlung; während die Schriften, die sich mit dem Leben und Wirken des Jesus von Nazaret und dem Glauben der frühen Christen beschäftigen, erst später zusammengefaßt und als zweiter Teil der vorhandenen Heiligen Schrift hinzugefügt wurden. Für das Verständnis der Bibel als Buch ist in diesem Zusammenhang allerdings wichtig, daß das Neue Testament kein selbständiges Buch ist und als solches auch niemals konzipiert wurde. Was sich nämlich inhaltlich in diesen Schriften findet, wird nachträglich auch formal mitvollzogen. In den Evangelien, der Apostelgeschichte und den Briefen findet die Interpretation des frühchristlichen Glaubens ihren Ausdruck, daß nämlich dieser Jesus von Nazaret der Messias Israels ist. Ein wenig formalisiert gesprochen bedeutet das, daß das Unbekannte (Jesus von Nazaret) durch etwas Bekanntes (Messias der Bibel Israels) erklärt wird. Insofern gehört das Christusbekenntnis des Christentums von Anfang an in den Bereich der Interpretation der vorliegenden Bibel, weshalb es dann auch sinnvollerweise als dessen zweiter Teil hinzugefügt worden ist. Manche Bibelwissenschaftler nennen das Neue Testament deshalb pointiert auch einen Kommentar zur Bibel Israels, dem späteren christlichen Alten Testament. Die Zusammenstellung der verschiedenen Bücher des Neuen Testamentes zu einer Einheit – eben dem Neuen Testament – geschieht aber in Anlehnung und nach dem Vorbild der Zusammenfügung und Abschließung der Literatur in der Bibel Israels, dem Alten Testament.

Kommt es schon vor der Entstehung der christlichen Bibel zu einem Endpunkt in der biblischen Literatur, dann nicht in dem Sinne, daß die Literaturproduktion aufhören würde, sondern in dem Sinne, daß die Sammlung der Schriften abgeschlossen wird, die als Bibel, d.h. als Heilige Schrift gilt. Dieser Abschluß, der mit dem Phänomen und Begriff des Kanons markiert wird, leitet dazu über, daß die Bibel nicht nur ein *Buch aus Büchern* ist, sondern als etwas Besonderes gilt, was man in dem „Ehrentitel" ausgedrückt findet: Die Bibel ist *das Buch der Bücher*.

Mit dieser Frage, wie aus einem Buch aus Büchern das Buch der Bücher werden kann bzw. geworden ist, ist die Frage nach dem Einheitsfaktor in der beobachteten Vielheit gestellt. Sieht man nämlich, daß die Bibel ein literarisches Produkt vieler Jahrhunderte ist, dann bleibt die Frage nicht aus, warum, wann und wie es zu einem Abschluß dieses Literaturwerkes gekommen ist.

2. Das Buch der Bücher

Die zuvor gesammelten Beobachtungen zur Eigenart der Bibel als Buch aus vielen Büchern mit einer jahrhundertelangen Entstehungsgeschichte führen zu der Frage, was Auswahl und Abgrenzung dieser *Bücherei*, die die Bibel eben ist, bestimmt hat. Es ist die Frage nach dem biblischen *Kanon*, die hier zur Diskussion steht. Bevor man aber Details dieser Frage nach dem Kanon der Bibel zu klären versucht, tut man gut daran, den Begriff *Kanon* von seiner Herkunft und spezifischen Bedeutung im Kontext der biblischen Literatur zu beleuchten.

Dem Begriff *Kanon* liegt das griechische Wort *kanon* mit der Bedeutung „Maßstab, Richtschnur, Tabelle u.ä." zugrunde, das selbst wiederum Vorläufer in verschiedenen semitischen Sprachen hat, in denen die Äquivalente zur Bezeichnung von „(Meß-)Rohr" begegnen. Im Griechischen findet sich dann eine ganze Reihe von Anwendungen, die zu einem breiten Bedeutungsspektrum von *Kanon* führen. Die Grundbedeutung des geraden Stabs oder der Meßrute hat dazu geführt, daß man vom Kanon im Sinne eines spezifischen Standards gesprochen hat, den man lateinisch *norma* nennt. Vorbildliche Handlungen und Haltungen von Menschen führen dazu, daß die Griechen entsprechende Menschen als *kanon* bezeichnen können. Der Gedanke des Vorbildlichen begegnet dann auch in der Literatur, wo die Sammlung der klassischen Werke als *kanon* bezeichnet wird. Von hierher liegt es nahe, daß mit dem Begriff des Kanons nicht nur das Maßgebliche, sondern auch das Ideal z.B. in der Architektur oder Musik, aber auch im Recht ausgedrückt werden kann. Bevor man im Christentum den Begriff zur Bezeichnung der verbindlichen Sammlung Heiliger Schriften benutzt, was sicher erst im 4. Jahrhundert n. Chr. nachweisbar ist, begegnet das Wort im Kontext der Regel und Norm des Glaubens, die für die Christen verbindlich ist, und in diesem Sinne werden auch die Erlasse und Beschlüsse der Synoden und Konzilien als *kanones* bezeichnet. Gleichwohl bedeutet das nicht, daß erst mit dem so gebrauchten Begriff Sammlungen und Abgrenzungen Heiliger Schriften im Judentum und Christentum begegnen würden; vielmehr hebt der Begriff auf die Funktion ab, Maßstab oder Norm der Bücher und Buchsammlungen zu sein, die schon vorliegen und mit wechselnden Begriffen wie *Schrift, Heilige Schriften/Bücher, Miqra, Gesetz, Tora, Propheten* bezeichnet werden.

Die begriffliche Festlegung im nachhinein – nachdem nicht nur die Schriftensammlung der Bibel Israels, also des Alten Testaments, abgeschlossen vorlag, sondern auch die der neutestamentlichen Schriften – hat wohl mit dazu beigetragen, daß die Frage nach dem Kanon über lange Zeit als mehr oder weniger ausschließlich historische Fragestellung behandelt worden ist. In diesem Zusammenhang hat man sich vor allen Dingen mit dem Zeugnis unterschiedlicher Kanonlisten und dem daraus resultierenden jeweiligen Kanonumfang beschäftigt. Was den Kanon im Inneren ausmacht, wurde in diesem Kontext hauptsächlich unter den Gesichtspunkten von Abgrenzung und Zensur behandelt, weil man immer wieder historische Fixpunkte suchte, an denen man die divergierenden Festlegungen des/eines Kanons festmachen konnte.

Erst in den vergangenen vier Jahrzehnten sind die Fragen des Kanons aufgesprengt und durch die nordamerikanische Kanonforschung aus ihrer Eingrenzung auf das Feld des Historischen befreit worden, so daß heute allgemein anerkannt wird, daß die Probleme des biblischen Kanons nur noch im Gespräch zwischen biblischer, historischer und systematisch-theologischer Forschung zu behandeln sind. Diese nordamerikanische Kanonforschung ist hervorgegangen aus konkreten, in der Bibelwissenschaft beheimateten Methodenfragen bei der Auslegung der Texte. Die historisch-kritische Exegese hatte nämlich dazu geführt, daß ein großes Gewicht auf der Analyse der Texte lag, d.h. daß die Frage nach ältesten Schichten und Stücken in einem Text in den Vordergrund trat gegenüber dem definitiv vorliegenden Text. Dagegen wenden sich amerikanische Exegeten wie vor allen Dingen B.S.Childs oder J.A. Sanders. Sie klagen ein, daß der als normative Größe überlieferte Text in seiner sogenannten kanonischen Endform auszulegen sei, was der methodischen Forderung entspricht, daß komplementär zur Analyse auch eine Synthese gehört, die sich bei der Auslegung von gewachsenen Texten am Endprodukt der langen literarischen Wachstumsphasen orientiert. Diese Neuorientierung in der Bibelwissenschaft, der sogenannte „canonical approach“, wie die kanonische Schriftauslegung oft bezeichnet wird, hat sich mit innerer Notwendigkeit mit den Fragen nach dem Kanon von der Bibelwissenschaft her beschäftigt. Zwei Aspekte sind dabei vor allen Dingen in den Vordergrund des Interesses getreten: Zum einen das Problem der *Kanonwerdung* im Sinne des Wachstums zu einem definitiven Kanon hin, und zum anderen das des *Kanonabschlusses* als Abgrenzungs- und Vollendungsphänomen in bezug auf Endtext, Kanonumfang und -abfolge. B. S. Childs kommt in seinen Arbeiten zu der Einsicht, daß der Kanonbegriff nicht auf die späten Festlegungen des Umfangs der normativen Schriften begrenzt werden kann, sondern daß es sich beim Kanon letztendlich um etwas handelt, das in den Schriften selbst angelegt ist und nicht von außen herangetragen wird. Was Childs hierbei in den Blick genommen hat, ist das, was Traditionsliteratur (s. u. 1.) ausmacht, nämlich die Haltung der Tradenten, die die Literatur sammeln, fortschreiben und weitergeben. Da dies konstitutiv für einen späteren Kanon ist, schlägt Childs eine Terminologie vor, die den Begriff des Kanonischen auf das Gesamte anwendet und dabei zwischen zwei Aspekten unterscheidet: Der Verschriftung und Tradierung auf der einen Seite – bezeichnet als „kanonischer Prozeß“ – und dem Abschluß dieses Prozesses auf der anderen Seite – bezeichnet als „Kanonisierung“. Ihre Entsprechung finden diese beiden Aspekte innerbiblisch in der sogenannten Kanonformel mit ihren beiden Teilen, nämlich „nichts wegnehmen“ (kanonischer Prozeß) und „nichts hinzufügen“ (Kanonisierung), die mehrfach belegt ist (vgl. Dtn 4,2; 13,1; Koh 3,14; Jer 26,2; Spr 30,6). Flankierend traten zu diesen bibelwissenschaftlichen Einsichten die Ergebnisse historischer Forschung hinzu, daß es z. B. keine Festlegung des jüdischen Kanons auf der sogenannten Synode von Jamnia im 1. Jahrhundert gegeben hat. Die dort geführten Diskussionen, z. B. um das Hohelied oder das Buch Kohelet, sind nicht Ausdruck der Festlegung eines Kanons, sondern Diskussionen, die sich aus einem praktischen Umgang mit normativem Schrifttum ergeben.

Ist es das Verdienst von Childs, den Blick auf die kanonische Endform der biblischen Texte als Produkt eines Traditions-, ja Auslegungsprozesses gelenkt zu haben, so hat J.A. Sanders in seinen Arbeiten versucht, den Prozeß der *Kanonwerdung* von seinen inneren Bedingungen her präziser zu erfassen. Dabei hat Sanders die Bedeutung der traditionstragenden Gemeinschaft für den Kanon besonders herausgestellt und so den dynamischen Aspekt des kanonischen Prozesses unterstrichen, insofern nämlich das Volk Israel als Gemeinschaft Texte produktiv rezipiert, d.h. durch Fortschreibung für je neue Situationen aktualisiert hat. Indem Sanders in dieser Weise konsequent von der Gemeinschaft her denkt, die Texte hervorbringt, diese dann durch interpretierende, aktualisierende Fortschreibung durch die Generationen hinweg tradiert und so die eigene Identität über konkrete Situationen hinweg in der so erwachsenden Schrift finden kann, lenkt er den Blick auf die Frage nach dem, was denn diese Schriften zu einer *Heiligen Schrift* macht, wie das Endprodukt des Kanons terminologisch auf den Punkt gebracht wird. Es geht hier also darum, daß die Frage des Kanons sich nicht auf die Frage der Form, d.h. Wachsen und Anordnung der verschiedenen Bücher zu einer Sammlung, reduzieren läßt, sondern die sich herausbildende Sammlung eine Funktion für eine Gemeinschaft hat; denn das, was uns als Kanon begegnet, ist ja nicht zu lösen vom Gedanken des Maßgeblichen und Richtungsweisenden, was der Aspekt des Kanons als *normative Sammlung von Schriften* und *Sammlung normativer Schriften* zum Ausdruck bringt. In dem Element des Normativen drückt sich das aus, was die tradierende Gemeinschaft in diesen Schriften sieht und was sie artikuliert, wenn sie von *Heiliger Schrift* oder *Wort Gottes* spricht. Das Problem wird besonders dort greifbar, wo die Zugehörigkeit einzelner Schriften zu einer Heiligen Schrift in Frage gestellt wird, wobei dann nämlich den einzelnen Büchern ihr göttlicher Ursprung zu- bzw. abgesprochen wird. Theologisch handelt es sich hierbei um das Problem der Inspiration der Schrift. Die Versuche, den Gedanken der Inspiration der Bibel unmittelbar und ausschließlich am Text selbst, entweder in absoluter Form als direkt von Gott eingegebene Worte oder in relativer Form als Wirkung eines inspirierten Verfassers, festzumachen, haben im Laufe der Theologiegeschichte immer wieder zu Problemen und Auseinandersetzungen geführt. Der mit der Vorstellung einer inspirierten Schrift verbundene Gedanke ihrer Irrtumslosigkeit ist vor allen Dingen durch die naturwissenschaftlichen Einsichten zum Problem geworden und hat die gesamte Vorstellung von der Schriftinspiration in die Krise geraten lassen. Andererseits hat dies auch dazu geführt, daß man die Probleme der Rede von einer inspirierten Schrift deutlicher gesehen hat und so auch die verschiedenen Vorstellungen von Inspiration kritisieren und problematisieren konnte.

Die Theorie der *Verbalinspiration*, die davon ausgeht, daß Gott der Urheber (*auctor*) der Schrift sei, der den menschlichen Verfasser (*scriptor*) nur als Werkzeug benutzt habe, begegnet von der Zeit der Kirchenväter an bis heute in wechselndem Gewand; die dieser Theorie entgegengesetzte *Realinspiration*, die bis ins 16. Jahrhundert zurückreicht, setzt demgegenüber bei der menschlichen Verfasserschaft der biblischen Texte an und geht von einer nachträglichen göttlichen Bestätigung (*inspiratio subsequens*) oder Bewahrung vor Irrtümern (*inspiratio concomitans*) mittels des Heiligen Geistes aus. Erst unter dem Druck, daß zeit- und kulturgeschichtlich bedingte naturwissenschaftliche „Falschaussagen" erkannt werden, wird die Frage der Irrtumslosigkeit im Kontext dieser Theorie von der Realinspiration auf theologische Lehraussagen (Heilswahrheiten) reduziert. Von diesen Formen der Verbal- und Realinspiration läßt sich sodann noch die seit Beginn unseres Jahrhunderts begegnende Theorie der *Personalinspiration* (F. Schleiermacher) unterscheiden. Diese Theorie radikalisiert den Blick auf den menschlichen Verfasser der Schrift und löst die Inspiration völlig von der Schrift zugunsten ihrer Verfasser, so daß die jeweiligen Autoren in ihrem Bewußtsein maßgebliche Repräsentanten und Zeugen der Glaubensgemeinschaft werden. Hier deutet sich bereits das an, was in jüngeren Theorien in den Mittelpunkt rückt: Die stärkere Berücksichtigung der Glaubensgemeinschaft für das Verstehen des Gedankens der Schriftinspiration. Den entscheidenden Schritt in diese Richtung einer soziologischen (ekklesiologischen) Erklärung des Phänomens der Schriftinspiration hat der Theologe Karl Rahner 1958 mit seinem Buch „Über die Schriftinspiration" getan. Rahner knüpft an die in diesem Zusammenhang seit der Scholastik klassisch gewordene Frage nach dem Verhältnis zweier Ursachen (Gott und Mensch) für eine einzige Wirkung (Heilige Schrift) an, die schon Thomas von Aquin durch seine Unterscheidung von Gott als Hauptverfasser (*auctor principalis*) und dem Menschen als werkzeuglichem Verfasser (*auctor instrumentalis*) zu erklären suchte, und verbindet diese Frage mit dem Problem der Kirchenstiftung, so daß für ihn in diesem Zusammenhang der Glaube der Urkirche als bleibender Grund und verbindliche Norm der Kirche Ausgangspunkt der Bestimmung dessen wird, was Schriftinspiration ausmacht. Gott ist für Rahner im strengen Sinn des Wortes Urheber der Heiligen Schrift, insofern er die Urkirche als normative Größe für alle folgenden Zeiten gewollt hat und die Objektivierung der Urkirche als Norm durch ihre schriftlichen Zeugnisse geschehen ist. Dieser Ansatz von Karl Rahner ist in der Folgezeit aufgenommen und vielfach rezipiert und modifiziert worden. Dabei ist auch immer wieder das Problem zur Sprache gekommen, daß Rahner bei seinem Verständnis allein bei der Urkirche ansetzt und somit die Frage zurückgestellt hat, wie eine Inspiration der dem Christentum vorliegenden Heiligen Schrift, dem späteren Alten Testament, gedacht werden kann. Diese Frage ist aufgegriffen und über den Gedanken der Glaubensgemeinschaft weitergeführt worden, weil das Konstitutive der göttlichen Urheberschaft in bezug auf die Urkirche ja bereits schon zuvor für Israel als Volk Gottes anzusetzen ist und gerade die Anerkennung und der Gebrauch von Büchern durch die Gemeinschaft (Israel), die den Glauben wagt und artikuliert, gegeben ist.

Man kann folglich sagen, daß Schriftinspiration nach diesem Verständnis eingebettet ist in den Kontext einer konkreten Gemeinschaft (Israel oder Kirche), deren Ursprung im Willen Gottes gesehen wird, so daß Inspiration der Schrift ein Moment der Konstitution der Gemeinschaft (Erwählung Israels oder Kirchengründung) ist. Daraus folgt, daß die Inspiration einer bestimmten Schrift daran erkannt werden kann, daß diese Schrift als Lebensvollzug einer Glaubensgemeinschaft entsteht und in dieser Glaubensgemeinschaft rezipiert wird. Diese spezifische Form der Rezeption, die das zutage fördert, was Inspiration aussagen will, stellt zugleich den Ausgangspunkt des *kanonischen Prozesses* dar, so daß letztendlich Inspiration und Kanon dieselbe Wurzel haben und untrennbar miteinander verbunden sind. Inspiration und damit kanonische Anerkennung sind nur über die Rezeption in einer Glaubensgemeinschaft greifbar, d.h. sie sind nur aus der *Wirkung der Schrift* einerseits im Lebens- und Glaubensvollzug der Gemeinschaft, andererseits in der sich herausbildenden Schriftensammlung, dem Kanon, erkennbar.

Vor diesem Hintergrund wird auch verständlich, daß es unterschiedliche Kanones gibt und geben kann in Abhängigkeit von den Besonderheiten der verschiedenen Glaubensgemeinschaften. Divergierende Kanones finden wir schon im Frühjudentum: So gibt es wohl bei den durch die Schriftfunde von Qumran bekannt gewordenen Essenern einen anderen Kanon als beim griechischsprechenden Diasporajudentum von Alexandrien oder dem mit dem Tempel verbundenen Judentum Jerusalems. Gleichwohl geht es bei diesen verschiedenen Kanones des Frühjudentums nicht um völlig verschiedene Auswahlen und Anordnungen, sondern um einen gemeinsamen festen Kern und bestimmte Randunschärfen, die sich sowohl in der Anerkennung bestimmter Bücher als auch in Anordnungs- und Gliederungsprinzipien zeigen. Als Folge dieser frühjüdischen Divergenzen ist auch der Unterschied im Kanon zwischen der evangelischen und katholischen Kirche in bezug auf das Alte Testament zu erklären, denn Luther hat bei seiner Bibelübersetzung im Rückgriff auf die Hebräische Bibel nur die dort zu findenden Bücher als kanonisch anerkannt, während die katholische Kirche auf dem Konzil von Trient (1545–1563) einen erweiterten Kanon bestätigt hat, der aus der alexandrinischen Tradition der griechischen Bibelübersetzung hervorgegangen ist.

Kann man folglich die Bibel als Buch in der Besonderheit einer gewachsenen Büchersammlung nur von dem Selbstverständnis her verstehen, das sich im Gedanken des Kanons artikuliert, dann kann von der Wechselbeziehung zwischen Glaubensgemeinschaft und Schriftensammlung auch bei der Auslegung dieser Schriften nicht vollständig abgesehen werden. Für das Christentum bedeutet es überdies, daß es sich selbst nur als rezipierende Glaubensgemeinschaft verstehen kann, was die frühe Kirche auch ganz deutlich getan hat, insofern sie auf der Basis des verbindlichen Glaubenszeugnisses der Bibel Israels gelebt hat und allein von hierher auch Jesus als den Messias/Christus verkündigte. Für das Christentum gibt es also keine Möglichkeit, vom Wort Gottes oder einer Heiligen Schrift in bezug auf das Neue Testament unter Absehung des Alten Testaments, also der Bibel Israels, zu sprechen.

Gerade die sich hier als Besonderheit im Christentum zeigende geteilte Einheit der Bibel aus Altem und Neuem Testament wirft Fragen danach auf, wie die Besonderheiten einer kanonischen Büchersammlung in der Auslegung zu berücksichtigen sind. Nicht erst im Horizont kanonischer Schriftauslegung (s.o.), die für Christen mit der Frage zu tun hat, wie Einzeltexte des Alten oder Neuen Testaments auf dem Hintergrund der zweigeteilten Gesamtbibel zu verstehen sind, sondern schon bei der divergierenden Anordnung der Bücher des Alten Testaments zwischen Hebräischer Bibel und christlichem Alten Testament treten unterschiedliche Verständnisse der Texte zutage, die selbst wieder Niederschlag verschieden orientierter Gemeinschaften sind. Das Grundmuster, daß die Anordnung der Bücher bzw. ihre Teilsammlungen schon eine Interpretationsvorgabe sind, zeigt sich bereits deutlich in der Hebräischen Bibel, wo die Teilsammlungen gleichzeitig Wachstumsringe des Kanons sind. Liegen die Anfänge des kanonischen Prozesses im Sinne der Verschriftung von Glaubenstraditionen auch weithin im Dunkeln der Geschichte Israels, so wird doch eine entsprechende Vorgeschichte in den schon sammelnden ersten größeren Erzählwerken des 8. bzw. 7. Jahrhunderts v. Chr. greifbar. Die Kanonisierung der Literatur setzt aber erstmals im 4. Jahrhundert v. Chr. mit einer vom Buch Deuteronomium ausgehenden Festlegung der Tora (Pentateuch) ein. In nicht allzu großer zeitlicher und auch sachlicher Entfernung von dieser Kanonisierung der Tora ist der Abschluß einer ersten Stufe einer „Prophetensammlung" anzusiedeln, wobei unter dem Stichwort *Propheten* bis heute im Judentum nicht nur die Bücher der Schriftpropheten verstanden werden, sondern auch die Erzählungen der Frühzeit, die sich in den Büchern *Josua, Richter, 1/2 Samuel* und *1/2 Könige* finden. Die Schnittstelle zwischen der Sammlung der Tora und den darauffolgenden „Propheten" macht deutlich, wie diese beiden Sammlungen im Verhältnis zueinander verstanden werden müssen. Der Vorrang der Tora, die Mose Israel als Offenbarungsmittler gegeben hat, vor allen anderen Überlieferungen wird hier dadurch festgeschrieben, daß Mose als größter der Propheten charakterisiert wird. „Aber nicht wieder ist in Israel ein Prophet aufgetreten wie Mose" (Dtn 34,10). Und die Eckverse der Sammlung der „Propheten", die als ganze – von Josua bis Maleachi – wohl in der 2. Hälfte des 3. Jahrhunderts v. Chr. abgeschlossen wurde, markiert diesen Torabezug eindeutig. Am Anfang wird der Eroberer des Landes, Josua, als treuer Toraschüler charakterisiert, der Tag und Nacht die von Mose übermittelte Tora studiert und deshalb Glück und Erfolg hat. Am Ende der ganzen Sammlung wird daran erinnert, wenn es in Mal 3,22 heißt: „Denkt an die Tora meines Knechtes Mose; am Horeb habe ich ihm Satzung und Recht übergeben, die für ganz Israel gelten." Ist der sachliche Zusammenhang der beiden Kanonteile *Tora* und *Propheten* noch relativ klar, so kommt es im 2. Jahrhundert v. Chr. zu einer diffuseren Sammlung verschiedener Bücher, was sich dann in ihrem undifferenzierten Titel „Schriften" auch niederschlägt. Die beiden Bücher der Chronik stellen hier so etwas wie eine Zusammenfassung dar, die auf einen Abschluß dieses Teils und schließlich auch der Gesamtschrift drängt. Der so gestaltete dreigliedrige Kanon der Hebräischen Bibel aus Tora – Propheten – Schriften ist bis heute Grundlage des Judentums, und welche Bedeutung diese Struktur hat, erkennt man nicht zuletzt daran, daß das aus den hebräischen Anfangsbuchstaben dieser drei Teile (*Tora – Nebiim – Ketubim*) gebildete Kunstwort *TaNaK* (gesprochen: *Tanach*) zur wichtigsten Bezeichnung der jüdischen Bibel geworden ist.

Da es im Frühjudentum aber auch Gruppen gab, für die das Prophetische immer mehr Gewicht zur Deutung des eigenen Lebens bekommen hat – und auch das entstehende Christentum gehört hierher –, finden sich auch noch Kanonstrukturen, die an dem zweigeteilten Kanon von Tora und Propheten festhalten und spätere Schriften in den Kanonteil Propheten eingliedern. Zwischen dem vorderen und hinteren Teil der Sammlung Propheten eingeordnet ergibt sich aber nicht nur für diese Bücher, die im „hebräischen Kanon" in der Sammlung *Schriften* rangieren, ein anderes Verständnis, sondern der Kanonteil Propheten bekommt allein durch seinen gewachsenen Umfang ein größeres Gewicht gegenüber der Tora. Die damit verbundene zweigliedrige Kanonstruktur ist aus der neutestamentlichen Redewendung von „Gesetz und Propheten" wohlbekannt. Ganz gleich, wie man die Besonderheiten dieser Form kanonischer Sammlungen erklärt und versteht: Es ist doch deutlich, daß das Nebeneinander von Teilen (Büchern, Teilsammlungen etc.) und dem Ganzen (Kanon) kein Zufallsprodukt ist, sondern Ausdruck eines spezifischen Verständnisses. Dem schließt sich auch das Christentum an, wenn es die Bücher der Christusbotschaft als *Neues Testament*, d.h. als eigenen Kanonteil, der vorhandenen Heiligen Schrift – nun als Altem Testament – hinzufügt.

Der bekannte Ehrentitel „Buch der Bücher", den Menschen der Bibel verliehen haben, die doch eigentlich ein Buch aus vielen Büchern ist, bringt die Besonderheit der Bibel zum Ausdruck, weil sich hierin letztendlich eine Glaubenserfahrung zu Wort meldet, die einen unüberbietbaren Unterschied des einen Buches, das als Bibel aus zahlreichen Schriften gewachsen ist, zu allen anderen Büchern markiert. Das Buch der Bücher ist die Bibel, insofern Menschen sie als *Heilige Schrift* lesen und so an dieses *Wort Gottes* glauben, d.h. in diesem Buch eine Begegnung mit Gott vermittelt sehen, die sie in die

Aussage fassen, daß die Bibel Gottes Wort in Menschenwörtern sei. Dieser Glaube ist es, der die vielen verschiedenen Bücher der Sammlung zusammenhält und aus ihnen *ein* Buch werden läßt, das für sie etwas ganz Besonderes ist, nämlich: Das Buch schlechthin oder eben *das Buch der Bücher*.

II. Die Auslegung

1. Vielfalt der Begrifflichkeit

Auslegen meint in einem allgemeinen und weiten Sinn das Erklären und Deuten von sprachlichen Äußerungen, zumeist schriftlich niedergelegten. In unserem deutschen Wort *Auslegung* klingt noch etwas von dem an, was das bei uns zum Terminus technicus gewordene griechische Wort *exegesis* beinhaltet. Hier wie da findet sich der Gedanke, daß etwas herausgeholt wird. Diese Vorstellung beim Deuten und Erklären impliziert, daß die gesprochene oder geschriebene Sprache eine äußere Form ist, der etwas innewohnt, was es herauszuholen gilt. Das Herauszuholende ist der Sinn oder die Bedeutung. Das Herausholen des Sinns geschieht immer durch eine Vermittlung zwischen den Zeichen der Sprache – visuellen oder phonetischen beim Geschriebenen oder Gesprochenen – und der durch die Zeichen bezeichneten Sache. Der Vermittlungsgedanke zeigt sich noch darin, daß das griechische Verb *exegeomei* ebenso auf die Tätigkeit des Übersetzens angewendet wird wie das andere in diesem Zusammenhang relevante griechische Wort, das mit dem Götterboten Hermes in Verbindung zu bringende *hermeneuo*. Die durch beide Begriffe im Griechischen ausgedrückte Erklärung spielt eine Rolle in Literatur, Recht und Religion und findet ihren Niederschlag in der Gattung des Kommentars. Beide Begriffe finden sich im Lateinischen durch das Wortfeld von *interpretatio* wiedergegeben. Der Gedanke der Vermittlung findet sich hier im Begriff selbst und beispielsweise in Vorstellungen vom Dichter als Interpreten der Götter und daraus abgeleitet dann in der Bezeichnung des Sängers, der den Text des Dichters vertont, als Interpreten der Interpreten wieder. Die mehr oder weniger identische griechische und lateinische Begrifflichkeit findet sich in der Neuzeit als Grundlage einer sachlichen Differenzierung wieder. So verwenden wir heute den Begriff der *Interpretation* als Oberbegriff für alle Formen der Auslegung und Vermittlung – vor allen Dingen, wenn das Medium oder die

Darstellungsart wechselt – in den Bereichen von Literatur, Musik, bildender Kunst, Film etc. Daneben ist der Begriff der *Exegese* vorwiegend eingegrenzt worden auf den Bereich der Auslegung der Heiligen Schriften, wenngleich er aufgrund der Parallelität der literarischen Gattung des Kommentars auch gelegentlich noch in der Juristerei gebraucht wird. Aber auch innerhalb der Theologie findet sich beim Begriff Exegese noch ein weiterer Sprachgebrauch, der die gesamten Bibelwissenschaften – in ihren Teilbereichen von Einleitung, Geschichte, Theologie von Altem und/oder Neuem Testament –, gegenüber allen anderen theologischen Disziplinen bezeichnet, und ein engerer Sprachgebrauch, der sich auf die methodisch orientierte Auslegung biblischer Texte bezieht. Schließlich wird der Begriff der *Hermeneutik* in Absetzung zu den beiden zuvor genannten neuzeitlich gebraucht, um eine spezifisch reflektierte Verstehenslehre als Theorie der Interpretation zu charakterisieren, die nach Wissensgebieten differenziert werden kann im Sinne von philosophischer, theologischer, biblischer, psychologischer, literarischer, feministischer etc. Hermeneutik.

Heute von Bibelauslegung zu sprechen bedeutet also, daß man sich in bezug auf die Bibel in dem Gesamtfeld von Interpretation, Exegese und Hermeneutik bewegt, insofern man sich nämlich mit den verschiedenen Aspekten des Verstehens biblischer Texte beschäftigt. Diese Aspekte beziehen sich auf Geschichte und Gegenwart des Verstehens der Bibel und nehmen dessen Möglichkeiten und Bedingungen in den Blick.

2. Ziel der Auslegung

Wie bereits gesagt, zielt alle Auslegung auf das Verstehen von sprachlichen Äußerungen ab. Die dazu notwendige Heraushebung des Sinns basiert auf der elementaren Vermittlung zwischen Zeichen und Bezeichnetem, d.h. Worte, Wortgefüge und Sätze werden der sprachlichen Konvention entsprechend aufgelöst. So kommt es schließlich zur Kommunikation. Von hierher kann man das Ziel der Auslegung auch im Herstellen einer Kommunikation sehen. Anders als bei der direkt gesprochenen Kommunikation, wo das Verstehen sich durch Rede und Gegenrede bzw. Rückfrage und Antwort einstellt, haben wir es bei verschrifteten Äußerungen auf der einen Seite mit einem *stummen Partner* zu tun. Der Text als stummer Partner braucht den Leser, der versucht, die Mitteilungen des Verfassers zu verstehen. Der bekannte Sprach- und Kommunikationswissenschaftler Umberto Eco bezeichnet Texte gern als „faule Maschinen", die vom Leser angetrieben werden müssen, um etwas hervorzubringen. Wenn also durch einen Leser eines Textes eine Kommunikationssituation entsteht, dann erwächst daraus mit innerer Notwendigkeit die Frage nach der ursprünglichen Kommunikationssituation bzw. der Absicht des Autors; denn der Text hält ja nur diesen ursprünglichen Kontext fest. Der Text kann nicht von sich aus auf verschiedene Situationen reagieren, dazu bedarf es der Auslegung.

Ein schönes Beispiel kann diesen etwas abstrakten Gedankengang veranschaulichen. Es stammt von John Wilkins aus dem Jahre 1641 und findet sich am Beginn von Ecos Werk „Die Grenzen der Interpretation": „Wie seltsam diese Kunst der Schrift bei ihrer ersten Erfindung erschienen sein mag, können uns jene vor kurzem entdeckten Amerikaner klarmachen, die sich darüber wunderten, daß die Menschen mit den Büchern redeten, und denen es schwerfiel zu glauben, daß das Papier reden könne ... Es gibt dazu eine schöne Geschichte über einen indischen Sklaven, den sein Herr mit einem Korb Feigen und einem Brief losschickte und der auf dem Weg einen großen Teil dieser Feigen verspeiste und den Rest der Person übergab, für die sie bestimmt waren; diese beschuldigte, als sie den Brief empfing und nicht die darin angegebene Menge Feigen fand, den Sklaven, sie gegessen zu haben, und teilte ihm mit, was der Brief gegen ihn ausgesagt hatte. Aber der Inder leugnete (trotz dieses Beweises) rundheraus die Tatsache und beschimpfte den Brief als einen falschen und lügenhaften Zeugen. Als er später wieder mit einer gleichartigen Last losgeschickt wurde und mit einem Brief, in dem stand, wie viele Feigen er abliefern sollte, aß er wiederum, wie beim ersten Mal, auf dem Weg einen großen Teil der Feigen. Doch bevor er sie anrührte, nahm er (um jede mögliche Anklage zu verhindern) den Brief, versteckte ihn unter einem Stein und beruhigte sich mit dem Gedanken, daß dieser, wenn er ihn beim Essen der Feigen nicht gesehen habe, auch nichts davon erzählen könne; als er sich aber dieses Mal noch härter als vorher angeklagt sah, gestand er seine Schuld und versprach für die Zukunft die größte Zuverlässigkeit bei jedem Auftrag" (Eco, *Grenzen*, 11).

Abgesehen vom Verständnis bzw. Unverständnis des Sklaven in der Geschichte wird aus dem Beispiel deutlich, daß das Verschriftete ganz starr die Situation fixiert, um die es dem Schreibenden ging. Treten auf dem Weg zwischen Absender und Adressat, also Autor und Leser, größere Veränderungen ein – wie die durch den Sklaven reduzierte Anzahl von Feigen im obigen Beispiel –, dann muß der Leser etwas tun, um den Text zum Sprechen zu bringen. Der Leser muß durch die Kommunikationssituation, die zwischen ihm und dem Text entsteht, hindurchzuschauen versuchen auf die Kommunikationssituation, die zwischen dem Autor und dem Text bestanden hat. Beim Beispiel der Feigen deutet der Adressat die Veränderung zwischen dem Briefinhalt („ich schicke dir soundsoviel Feigen ...") und den vorhandenen Feigen nicht als Ungenauigkeit, Provokation oder Scherz des Absenders, sondern lastet die Differenz dem Boten an, der in einem Fehlschluß glaubt, daß der Brief gerade die Veränderung (sein Essen) bezeugen würde, und verkennt, daß der Adressat durch die im Brief konservierte Ausgangssituation auf das Geschehene rückschließt. Daß das Ziel der Auslegung, das Verstehen eines Textes, nicht ohne eine solche kritische Relation der Kontexte (Kommunikationssituationen) gelingen kann, wird einem schnell bewußt, wenn man das obige Beispiel ein wenig weiterspinnt, wie es Umberto Eco selbst auch tut. Man könnte sich vorstellen, daß der Sklave bei einem weiteren Botengang den Brief nicht nur unter dem Stein versteckt, während er von den Feigen ißt, sondern ihn dort liegenläßt, um so den für ihn ungünstigen Zeugen beiseite zu schaffen. Wenn dieser Brief nun – vielleicht nach Jahrhunderten – von Archäologen gefunden wird, dann liegt das Problem seiner Deutung schnell auf der Hand, weil der Inhalt des Briefes von seinem ursprünglichen Kontext völlig gelöst ist (Korb und Feigen gibt es nicht mehr), vielleicht aber der Schutt der Jahrhunderte ganz andere Dinge mit diesem Brief am Fundort in Verbindung gebracht hat. Die Entdecker des Briefes können also versuchen, aus dem Fundkontext einen Kontext für diesen Brief zu erschließen, sie können den Kontext des Briefes aber auch gerade aus der Diskrepanz zwischen den im Brief erwähnten Feigen und den realiter fehlenden Hinweisen auf diese Feigen durch eine entsprechende Hypothese zu einer übertragenen Bedeutung herstellen. So mag es dann zu weitgehenden Auslegungen des kleines Briefes kommen im Sinne einer militärischen, mystischen, erotischen, psychologischen o.ä. Bedeutung, je nachdem, von welcher Symbolik der Zahlenangaben, Früchte etc. man ausgeht. Von sich aus wehrt der Text sich nicht gegen diese Deutungen, und aus der Sicht seiner Ausleger muß man zugestehen, daß dies alles ja auch so oder so sein könne. Wenn aber das Ziel der Auslegung darin besteht, den (inhärenten) Sinn eines Textes freizulegen und in der Kommunikation mit dem Leser fruchtbar zu machen, dann kommt man an der Feststellung nicht vorbei, daß die angedeuteten Beispiele das Ziel der Auslegung (noch) nicht erreicht haben. Insofern die Auslegung eine Kommunikation herstellt zwischen Text und Leser, fordert sie gleichzeitig zur Wahrnehmung der Differenz der Kommunikationssituationen von Text – Leser und Autor – Text auf. Die Wahrnehmung der Verschiedenheit der Situationen führt noch nicht von selbst zur Auslegung, sondern klärt lediglich die ihr zugrundeliegenden Bedingungen. Sie hilft, den Text als Text, d.h. als selbständige Größe zwischen Autor und Leser wahr- und ernstzunehmen. Nur von hierher, d.h. von dem Ort her, an dem Auslegung sich vollzieht, kann das Ziel der Auslegung erreicht werden.

3. Ort der Auslegung

Entgegen der in der modernen Linguistik gängigen Definition von Texten als jede Form von sprachlicher Handlung, versucht K. Ehlich präziser zu differenzieren und schlägt vor, als Text nur solche Sprechhandlungen zu bezeichnen, die für eine weitere – gegenüber der ursprünglichen – Sprechsituation gespeichert sind. Charakteristikum des Textes ist demnach die „sprachsituationsüberdauernde Stabilität" (Ehlich, *Text,* 37), d.h. die Überlieferungsqualität der sprachlichen Handlung. Ausgangspunkt eines so gefaßten Textverständnisses ist die Institution des Boten, da durch den Boten ein Sprechsituationshindernis im Blick auf Ort und Zeit überwunden wird. Die als Text verschriftete Botschaft ermöglicht eine Sprechsituation an verschiedensten Orten und zu verschiedenen Zeiten. Auf dem Hintergrund dieses Verständnisses vom Text als Boten ist die Etymologie des semitischen Wortfeldes von „Schreiben" (*spr*, z.B. in hebräisch *sepaer* „Buch") interessant, denn die Grundbedeutung dieser Wortwurzel bezieht sich auf das Schicken und Übermitteln, so z.B. im akkadischen *shaparu* „schicken, schreiben" oder *shipru* „Sendung, Botschaft" oder auch im aramäischen *sipru* „Dokument".

Von diesem Gedanken her, daß der Text als Bote fungiert, ergeben sich für die Auslegung und das Verstehen zwei zu unterscheidende Beziehungen, nämlich zum einen die vom Verfasser auf den Text hin, und zum anderen die vom Leser auf den Text hin. Die Frage nach dem Sinn, den es durch die Auslegung herauszuholen gilt, muß zwischen diesen Relationen geklärt werden. Hebt der Leser hier tatsächlich nur den Schatz, den der Autor in seinem Text verborgen hat?

So einfach stellt sich – wie gesehen – das Verstehen eines Textes aber nicht ein; denn der Leser ist ausschließlich mit dem Boten (Text) konfrontiert, nicht mit dem Absender (Autor), welcher selbst auch nur mit dem Boten (Text) verbunden war. Den Adressaten (Leser) kann der Absender sich nur annäherungsweise vorstellen oder als Idealvorstellung vor

Augen haben, was ebenso die situativen Bedingungen betrifft, unter denen der Leser auf den Text treffen wird.

So steht der Text als eigenständige Größe da, und sein Autor, der ihn als Text auf den Weg gegeben hat, sieht sich selbst diesem Eigenleben des Textes gegenüber. So gesehen ist es keine Besonderheit, wenn ein lebender Autor eingestehen muß, daß dieses und jenes, was die Interpreten seines Werkes darlegen, von ihm zwar nicht (bewußt) intendiert war, aber im Text tatsächlich enthalten ist. Lebt der Autor nicht mehr oder läßt er sich aus welchem Grund auch immer nicht mehr befragen, dann ist man eindeutig und ausschließlich auf den Text angewiesen. Und eigentlich ist der Text als Text, der ja vom Autor unabhängig eine ort- und zeitübergreifende Sprechsituation ermöglichen soll, letztendlich auf diese Ausschließlichkeit der Beziehung zum Leser angelegt. Der Text enthält eine Aussage, die aber nicht mit der Absicht seines Autors deckungsgleich sein muß. Diese Aussage des Textes liegt aber gerade nicht offen und frei zugänglich, sondern muß vom Leser herausgeholt werden, indem er die „faule Maschine" Text in Gang bringt. Dazu kommt dann die Interessenlage, Absicht und Situation des Lesers mit ins Spiel, so daß man schließlich drei verschiedene Größen hat, die beim Auslegungs- und Verstehensprozeß aufeinandertreffen und die man im Anschluß an die klassische rhetorische Terminologie als *Intentionen* bezeichnen kann. Diese Intentionen werden dem Autor, dem Text und dem Leser zugeordnet und als *intentio auctoris*, *intentio operis* und *intentio lectoris* bezeichnet. Die Intention des Lesers kann unklar bzw. durch Kontextdifferenzen (s.o. 3.) fragwürdig sein. Ein von der Mystik her kommender und an Zahlensymbolik interessierter Leser wird an einen Börsenbericht wohl anders herangehen als der Börsenmakler, und ein science-fiction-begeisterter Jugendlicher mag wohl Mythen und religiöse Legenden mit himmlischen Wesen und übersinnlichen Kräften anders lesen als der rationalistische Naturwissenschaftler. Und der Autor eines juristischen Kommentarwerkes wird beim Schreiben seines Textes auch nicht gerade an einen Poeten als Leser denken.

Uns begegnen in den drei genannten *Intentionen* im Blick auf die Auslegung zwei problematische: Aus der Sicht des Lesers bleibt die *intentio auctoris* (in der Regel) unerreichbar, und die *intentio lectoris* ist undeutlich und fragwürdig in bezug auf den Text. Zwischen beiden steht die an sich evidente und greifbare *intentio operis*. Sie kann in simplen Fakten bestehen, sich aber auch erst aus einem komplexen Zusammenhang herauskristallisieren. Die *intentio operis* einer telegrafischen Kurzmitteilung „ankomme morgen 12.00 Uhr" ist klar, unabhängig davon, ob der Absender sie als Drohung oder der Adressat sie als freudige Botschaft verstanden hat. Bei umfangreicheren Mitteilungen ergibt sie sich aber erst aus der Einheit des Ganzen, worauf schon Augustinus hingewiesen hat, wenn er betont, daß die Erklärung einer Stelle eines Werkes nicht im Widerspruch zu einer anderen desselben Werkes stehen dürfe. Bei der Frage, wie denn die *intentio operis* in der notwendigen Klarheit zu ermitteln sei, muß auf die sprachliche Konvention verwiesen werden. Es gilt also zuerst einmal, das zu erheben und zu erkennen, was durch die Sprache, d.h. die lexikalische Bedeutung der Worte und die grammatikalischen/syntaktischen Regeln, gegeben ist. Im oben behandelten Beispiel des Feigenkorbs bedeutet das, daß es um eine bestimmte Frucht (Feige) in bestimmter Anzahl in einem Behälter (Korb) geht. Übertragene Bedeutung oder Kodierungen lassen sich demgegenüber erst sinnvoll annehmen, wenn es im Text oder Kontext des Textes konkrete Hinweise auf Derartiges gibt. Da die sprachliche Konvention Grundlage aller Kommunikation ist, hat sie ihre uneingeschränkte Gültigkeit auch für deren verschriftete Form. In diesem Bereich der sprachlichen Konvention liegt auch die schon genannte Vermittlung zwischen dem sprachlichen Zeichen (als visuelles und/oder phonetisches) und der durch dieses bezeichneten Sache. Die spezifischen Fragen von Sprache und Schrift liegen also sozusagen hinter dem Text, der wiederum zwischen Autor und Leser steht. Autor und Leser richten sich in gleicher Weise auf den Text. Von hierher ist es evident, daß sich nur am Text die Fragen der Auslegung entscheiden, eine Auslegung, die letztendlich die Kommunikation zwischen Autor und Leser betrifft. Aber diese Kommunikation zwischen Autor und Leser geschieht eben unter den besonderen Bedingungen einer verschrifteten Mitteilung, oder anders gesagt, unter der Bedingung, daß die Botschaft sich eines Boten bedient.

4. Gibt es richtige oder falsche Auslegungen?

Bei der Frage nach richtigen oder falschen Interpretationen kommt den meisten vielleicht ihre Schulzeit in den Sinn, wo Interpretationen von Texten beurteilt und damit mehr oder weniger deutlich in die Kategorie *richtig* oder *falsch* eingeordnet wurden. Auf diesem Erfahrungshintergrund mag manch einer auch die Interpretation eines Textes für richtig halten, die der vermeintlichen Aussageabsicht des Autors entspricht, und was dem widerspricht, als falsche Auslegung bezeichnen. Aber nicht nur, weil eine Interpretation in den meisten Fällen schon praktisch nicht mehr an dem zu messen ist, was der Autor des Textes zu sagen beabsichtigte, sondern weil – wie gesehen – der Text als Text der einzige Ansprechpartner des Lesers ist und sein muß, läßt sich im Rückgriff auf den Autor eine Auslegung weder als falsch noch als richtig einstufen. Hinzu kommt, daß in der jüngeren Literaturwissenschaft eine eigene Forschungsrichtung entstanden ist, die die verschiedenen Aspekte der Möglichkeiten, Bedingungen und Konsequenzen der Begegnung von literarischen Werken und ihren Adressaten untersucht, und die als *Rezeptionsforschung* bezeichnet wird. Diese neuere Beschäftigung, die das Verhältnis zwischen literarischem Werk und Leser (Rezeption) in den Vordergrund stellt gegenüber der traditionellen Betrachtung von Autor und Werk (Produktion), hat dazu geführt, daß man die sinnstiftende Funktion des Lesers erkannte, so daß sich das Interesse der Literaturwissenschaft mehr und mehr auf den Leser verlagerte. Fragt man in der Literatur nach Sinn und Bedeutung, dann verweist allein schon die Vielfalt der Interpretationen und vorhandenen Auslegungen eines Textes darauf, daß Sinn und Bedeutung keine objektiven Größen sind, die es richtig zu erheben gilt, sondern Sinn und Bedeutung werden vom jeweiligen Leser bzw. Interpreten konstituiert. Hat man traditionell etwas vorschnell und einfach den Sinn eines Textes mit der Intention seines Autors gleichgesetzt, so hat die Rezeptionsforschung demgegenüber den Blick dafür geöffnet, daß ein Text nur durch seine Rezipienten lebendig wird und daß sie es sind, die durch ihre Möglichkeiten und Intentionen im Zuge der Auslegung des Textes seinen Sinn entstehen lassen. Dieser Ansatz führt natürlich zur These der Vielfalt der Interpretationen und der Interpretationsfreiheit, weil der Maßstab nun auf der Seite der Rezipienten/Leser liegt und deren Vielfalt nicht zu begrenzen ist. Mit der sich daraus ergebenden Konsequenz, daß es keine Fehlinterpretationen geben kann, setzt Umberto Eco sich in seinem Buch „Die Grenzen der Interpretation“ ausführlich auseinander.

Im Sinne einer logischen Falsifikation sucht er ein Beispiel für eine allgemein abzulehnende Interpretation und legt als solches das folgende krasse Beispiel vor: „Würde Jack the Ripper uns sagen, er habe seine Taten aufgrund einer Inspiration begangen, die ihn beim Lesen des Evangeliums überkam, so würden wir zu der Ansicht neigen, er habe das Neue Testament auf eine Weise interpretiert, die zumindest ungewöhnlich ist. Und dasselbe würden wohl auch die nachsichtigsten Verfechter des Prinzips der völligen Interpretationsfreiheit einräumen. Man kann vielleicht sagen, Jack habe die Evangelien auf seine Weise benutzt (...), und man könnte auch sagen, daß seine Auffassung respektiert werden müsse – obwohl ich freilich, wenn das die Ergebnisse seines *misreading* sind, froh wäre, wenn Jack nie mehr lesen würde. Aber man kann nicht sagen, Jack sei ein Vorbild, anhand dessen man den Kindern in der Schule erklären sollte, wie man mit einem Text umgeht. Das Beispiel ist durchaus ernst gemeint: es soll verdeutlichen, daß in manchen Fällen niemand daran zweifelt, daß eine bestimmte Interpretation unhaltbar ist. Als Falsifikationsbeweis genügt das. Man braucht nur sagen zu können, daß es zumindest *eine* inakzeptable Interpretation gibt, und sofort stellt sich das Problem, aufgrund welchen Parameters wir zwischen verschiedenen Interpretationen unterscheiden können" (Eco, *Grenzen,* 77f.). Eco greift in diesem Beispiel auf eine Unterscheidung zurück, die er in einem früheren Werk (*Lector in fabula*) schon eingeführt hatte, nämlich die zwischen *benutzen* und *interpretieren.* Während beim *Benutzen* der Leser Einzelelemente des Textes aufgreift, sie mit außertextlichen Elementen in Verbindung bringt und so schließlich einen neuen Kontext mit eigenem Sinnkonzept herstellt, stützt sich das *Interpretieren* darauf, die verschiedenen Elemente des Textes in einen einzigen Sinnzusammenhang zu bringen. Dem Interpretieren geht es folglich um die *intentio operis* (s.o. 3.). Diese *intentio operis,* die sich nach Eco – durch die oben genannten Konventionen der Sprache – dem gesunden Menschenverstand erschließt, gilt schließlich auch als Kriterium für die Fehlinterpretation. Insofern man feststellen kann, daß manche Interpretationen näher am Text und andere weiter weg von ihm liegen, kann man schließen, daß der „Text als Parameter seiner Interpretationen" (Eco, *Grenzen,* 51) herangezogen werden muß. Eco selbst resümiert hierzu: „Tritt man für ein Prinzip der Interpretierbarkeit und für die Abhängigkeit der Interpretierbarkeit von der *intentio operis* ein, so schließt man damit die Mitarbeit des Adressaten ganz gewiß nicht aus. (...) Verteidigt man die Interpretation gegen das Benutzen der Texte, so will man damit nicht sagen, Texte dürften nicht benutzt werden. Doch hat ihre freie Benutzung nichts zu tun mit ihrer Interpretation, auch wenn sowohl Interpretation wie Benutzung stets eine Bezugnahme auf den Grundtext, und sei es nur als Vorwand, voraussetzen. Benutzen und Interpretieren sind gewiß zwei abstrakte Modelle. Jede Lektüre ist immer Resultat aus einer Mischung dieser beiden Verfahren. Es kann vorkommen, daß ein als Benutzung begonnenes Spiel als erhellende und kreative Interpretation endet – und umgekehrt" (Eco, *Grenzen,* 54).

Für die anstehenden Fragen nach dem Wesen und Ziel von Auslegung ergibt sich aus dem Dargelegten, daß Auslegung im Sinne der Interpretation grundsätzlich getrennt werden muß von allen Arten der Benutzung. Dies wiederum heißt aber nicht, daß das Benutzen eines Textes schon gleichzusetzen wäre mit seiner Fehlinterpretation. Von Fehlinterpretation kann man nur sprechen, wenn eine Interpretation der *intentio operis* entgegenläuft. Es mag in der Praxis nicht einfach und eindeutig sein, diese *intentio operis* festzulegen, aber die vorgelegte Theorie stellt für die Praxis zumindest den Interpretationsrahmen bereit, insofern nämlich die „Grenzen der Interpretation" durch den Text selbst festgelegt werden. Jede Auslegung muß sich also an dem, was der Text – in einem einfachen/wörtlichen Sinn – sagt, messen lassen. Positiv gewendet bedeutet das, daß es zwar nicht eine einzige richtige Interpretation gibt, aber daß die vielen verschiedenen „richtigen" Auslegungen nur in der korrelierenden Begegnung von *intentio operis* und *intentio lectoris* zu finden sind.

III. Formen der Bibelauslegung

Wenn in diesem Kapitel nun Formen der Bibelauslegung vorgestellt werden, dann ist dies zum einen und zuerst eine historische Betrachtung in dem Sinne, daß vorgestellt werden soll, wie die Bibel bzw. biblische Texte im Laufe der Geschichte ausgelegt wurden. Zum anderen wird dieser geschichtliche Rückblick im folgenden dann aber gleichzeitig ein wenig systematisiert, um auf diese Weise bestimmte – immer wiederkehrende – Implikationen und Konsequenzen der einen oder anderen Art der Bibelauslegung besser verstehen und kennenzulernen. Diese Darstellungsart führt dazu, daß nicht alle wichtigen Punkte der Geschichte der Bibelauslegung in den Blick kommen, was aufgrund des begrenzten Raumes auch gar nicht möglich ist und an anderer Stelle bereits vorliegt (s. Reventlow), und daß manch anderes nur angedeutet bleibt, mal mit einem Schwerpunkt im Historischen, mal mit einem Schwerpunkt im Systematischen. Gleichwohl ist mit diesem Vorgehen darauf abgezielt, in der Gesamtheit der Darstellung eine Skizze vorzulegen, die die Konstanten und Variablen der vorhandenen Bibelauslegungen von mehr als zwei Jahrtausenden sichtbar werden läßt.

1. Die vielen Sinne des einen Textes

Der Ausgangspunkt für die Auslegung der Bibel ist aufgrund des weiter oben Dargelegten nicht einfach festzulegen, weil die Besonderheiten der Traditionsliteratur (s. I. 1.) zu berücksichtigen sind. Im Kontext von Traditionsliteratur findet aktualisierende Auslegung immer schon statt, so daß die Anfänge der Auslegung nur in den Texten selbst wiederzufinden sind. Diese Form der *innerbiblischen Auslegung* ist nicht auf die christliche Perspektive zu beschränken, die die Auslegung des Alten Testaments im Neuen kennt, sondern sie vollzieht sich vor allen Dingen an den Stufen der Kanonisierung der Hebräischen Bibel entlang (s.o. I. 2.). Diese Anfänge der Auslegung, die sich dort zeigen, wo Texte fortgeschrieben werden, geschieht im Sinne einer *produktiven Rezeption*. Solche Rezeptionen verlassen im Zuge der Herausbildung des Kanons schließlich den engen Rahmen der biblischen Texte und finden sich dann im Frühjudentum gleicherweise wie im Frühchristentum in der Form von verarbeiteten Einzelstoffen bis hin zur Neugestaltung großer Textkomplexe. Daß das Ziel solcher Auslegung darin besteht, Interessen und Anliegen einer bestimmten Gruppe nach innen zu begründen und nach außen darzustellen, zeigt das Beispiel der unter den Qumranschriften gefundenen Tempelrolle. Diese sogenannte Tempelrolle enthält neben einer Reihe von hochinteressanten literarischen und theologischen Besonderheiten eine Art Neufassung der Tora im engen Anschluß an das biblische Buch Deuteronomium. Man hat deshalb bei dieser Rolle auch schon von einem „6. Buch des Pentateuch (der Tora)" oder auch einem „neuen Gesetz" gesprochen. Dies bedeutet natürlich nicht, daß in dieser Zeit eine Neufassung der Tora im Judentum nötig gewesen wäre bzw. angestrebt wurde; vielmehr ist es eine bestimmte Gruppe innerhalb des Judentums, die ihr Selbstverständnis und ihre theologischen Vorstellungen dadurch deutlich zum Ausdruck bringt, daß sie eine solche Neufassung der Tora vorlegt, die man unter literaturgeschichtlichem Gesichtspunkt durchaus in die Kategorie einer produktiven Rezeption des Buches Deuteronomium einordnen kann. Die große Bedeutung, die für die Herausbildung eines Schriftenkanons der jeweiligen Glaubensgemeinschaft zukommt (s.o. I. 2.), findet sich in entsprechender Weise dort wieder, wo es um die Auslegung dieser Schriften geht, was besonders da deutlich greifbar wird, wo die vorhandenen Texte unmittelbar auch auf die Situation einer Gemeinschaft angewendet werden und so eine spezifische Auslegung erfahren. Gerade die auf Zukunft hin formulierten prophetischen Texte des Alten Testaments begünstigen diese Art der Aktualisierung, und in den Schriften der Gemeinschaft von Qumran findet man eine ganze Reihe spezifischer Kommentare zu den biblischen Prophetentexten, die diese prophetischen Aussagen Satz für Satz auf die eigene geschichtliche Situation und das Leben der Gemeinschaft anwenden. Nichts anderes geschieht schließlich auch in einer ganzen Reihe neutestamentlicher Texte, die durch ausführliche Zitate und Rückverweise den Glauben an Jesus als Messias von den biblischen Prophetentexten her auslegen.

Aus den so schon skizzierten Anfängen wird deutlich, daß Bibelauslegung gar nicht getrennt werden kann von den Besonderheiten der Bibel, d.h. vor allen Dingen von dem sich langsam herausbildenden Kanon. Gar nicht zu hoch kann in diesem Kontext die jeweilige Gemeinschaft als Konstitutivum eingeschätzt werden, denn die Auslegung der biblischen Texte erfolgt ja nicht im Rahmen von philologischen oder historischen Interessen einzelner „Schriftgelehrter", sondern sie ist integraler Bestandteil des Glaubenslebens der jeweiligen Gemeinschaft. Deutlich ist dies im frühen Christentum zu erkennen, wo das Verständnis der Bibel Israels, des späteren Alten Testamentes, ausgespannt ist zwischen der Glaubensgemeinschaft (Kirche), in und für die diese Schrift als Wort Gottes ausgelegt wird, und dem spezifischen Glaubensinhalt der Kirche, ihrer Lehre im Sinne der apostolischen Tradition, die das Verständnis der Schrift bestimmt und ihre besondere Auslegung normiert. Als bestes Beispiel für diesen Zusammenhang ist auf den 1. Korintherbrief des Paulus zu verweisen, in dem dieser die Verbindung zwischen der *neuen* christlichen Lehre und der *vorgegebenen* Heiligen Schrift herstellt: „Denn ich habe euch vor allem überliefert, was ich selbst empfangen habe: Christus ist für unsere Sünden gestorben, gemäß der Schrift, und er ist begraben worden. Am dritten Tage wurde er auferweckt, gemäß der Schrift" (1 Kor 15,3f.). Paulus verweist hier auf eine spezifische Tradition („überliefert", „empfangen"), die das christliche Glaubensbekenntnis als *schriftgemäß* ausweist. Dabei bezieht sich das „gemäß der Schrift" nicht auf irgendeine Schriftstelle, die im Sinne eines Erfüllungszitates hier herangezogen werden könnte – nirgends ist im Alten Testament von der Auferstehung am dritten Tag die Rede –, sondern auf der Basis der anerkannten Autorität der Bibel Israels als Wort Gottes geben Paulus und mit ihm die frühe Kirche zu verstehen, daß sie ihren spezifischen Glauben als in Übereinstimmung mit der ergangenen und schriftgewordenen Offenbarung sehen. Kurz gesagt hält die Kirche fest, daß es ein und derselbe Gott ist, der Gott Israels, der sich zuvor in der Bibel, sodann in Jesus zu Wort meldet.

Vor diesem Hintergrund ist es auch verständlich, daß das frühe Christentum sich selbst als Glaubensgemeinschaft von der *rezipierten* Heiligen Schrift her versteht. Dieses Selbstverständnis hält es in seiner Auslegung der Bibel Israels fest, wobei diese Auslegung eben nicht durch eine interne christianisierende Fortschreibung stattfindet, die man sich in der Weise vorstellen könnte, daß bei entsprechenden Prophetenworten, wie z.B. der Immanuelverheißung in Jes 7, sofort ein Hinweis auf Jesus eingefügt würde. Das Christentum bringt demgegenüber sein Selbstverständnis und die christologische Auslegung der vorhandenen Bibel in seinen eigenen Schriften zum Ausdruck, die die vorhandene Heilige Schrift in keiner Weise ersetzen wollen und können. Sie nehmen vielmehr sogar immer wieder Bezug auf sie, so daß die spezifische Auslegung des Christentums ihren Niederschlag in der Herausbildung der spezifisch-christlichen Bibel als Einheit in zwei Teilen (Altes und Neues Testament) findet. Bei der Auslegung einzelner Texte dieser Bibel folgt man im frühen Christentum bald aber schon den im damaligen Judentum und der hellenistischen Umwelt üblichen und verbreiteten Auslegungsmethoden.

Im 2. Jahrhundert n. Chr. greift Origenes für das christliche Verstehen der Bibel Israels auf die *Allegorie* bzw. *allegorische Auslegung* (*Allegorese*) zurück. Diese gründet auf dem, was im zugrundeliegenden griechischen Wort auch enthalten ist, nämlich der Möglichkeit, daß Worte nicht nur eine Bedeutung haben können, sondern mehrere, die etwas anderes aussagen als das ursprünglich Gemeinte. Ihren Ursprung hat die Allegorie natürlich in sprachlichen Bildreden (Metaphern), die beispielsweise „Haus“ nicht nur für das Gebäude benutzen, sondern auch für die darin wohnende Familie u.ä. Origenes arbeitet diese Allegorien zu einem Instrumentarium der Bibelerklärung aus, indem Stück für Stück auch Texte, die keine

Allegorien enthalten, allegorisch ausgelegt werden. Dazu greift Origenes auf die platonische Anthropologie zurück, die zwischen Leib, Seele und Geist unterscheidet. Für ihn hat die Bibel nicht nur einen Leib – das ist der wörtliche Sinn, die Textoberfläche, die jeder unmittelbar *sehen* kann –, sondern auch eine Seele, d.h. die Bibel hat noch einen anderen, tieferen Sinn, der sich eben jener allegorischen Auslegung erschließt und mit der praktischen Ausrichtung des Lebens (Moral) zu tun hat. Über diese beiden hinaus gibt es für Origenes aber auch noch den *Geist* der Schrift, der in einem auf das endzeitliche Ziel des Lebens und Glaubens ausgerichteten Sinn besteht. Diese christliche Auslegung, die uns fremd und eigentümlich erscheint, war der gesamten Antike in der Grundform, daß in einem Text mehrere Sinne enthalten sind, bestens vertraut. Origenes gelingt mit dieser Art der Auslegung ein Verstehen der Bibel Israels, das im Verlauf des späteren Christentums noch erhebliche Bedeutung gewinnen sollte. Unter der Voraussetzung, daß in der einen Schrift verschiedene Sinne enthalten sind, konnte man die (jüdische) Heilige Schrift neben dem Judentum als Heilige Schrift der Kirche lesen. Wenn Origenes den Juden seiner Zeit ein ausschließliches Verständnis nach dem Literalsinn, also dem wörtlichen oder buchstäblichen Verständnis, vorwirft, so trifft dies lediglich in bezug auf die Nichtanerkennung der spezifisch-christlichen Interpretation zu, nicht aber in bezug auf die sie hervorbringende Methode der allegorischen Auslegung. Diese war nämlich im Judentum der Zeit durchaus bekannt, kam nur eben zu anderen Ergebnissen als einem christologischen Sinn der Schrift. Hinter der christologischen Auslegung des Alten Testamentes im Christentum steht das Problem, wie die Christen dieses Alte Testament als Buch der Kirche lesen können, wo es auf der Ebene des Literalsinns doch von Israel bzw. dem Judentum spricht. Daß dieses Verstehen des Alten Testaments ein ganz wesentlicher Punkt aller christlichen Schriftauslegung war und ist, sieht man auch daran, daß sowohl bei Origenes als auch später die Auslegung nach mehreren Schriftsinnen nur in wenigen Ausnahmefällen auf Texte des Neuen Testamentes angewendet wird. Da die allegorische Auslegung – wie noch zu zeigen ist – übertragene Bedeutungen im Text des Alten Testamentes postuliert, die auf christliche Themen und Gedanken hinführen, hat man sie oft auch mit der *typologischen* Auslegung, die „Typen“ des Alten und Neuen Testaments einander gegenüberstellt (z.B. Adam – Christus beim Thema Sünde – Erlösung), in Verbindung gebracht oder auch gleichgesetzt. Beide – die allegorische und die typologische Auslegung – werden oft auch als *geistliche* bezeichnet und wegen der genannten grundlegenden Problematik des Alten Testamentes im Christentum hat man die gesamte Auslegung nach mehreren Schriftsinnen (s.o.) wahlweise mit einem der drei genannten Begriffe belegt. Und es ist konsequent, daß der berühmte Markion (etwa 85 bis 160 n. Chr.), der den Rezeptionscharakter des Christentums als eine aus dem Judentum hervorkommende Religion nicht anerkannte, nicht nur das Alte Testament als Heilige Schrift ablehnte und die neutestamentlichen Schriften von ihren Bezügen auf jenes reinigte, sondern alle allegorische Auslegung verworfen hat. Diese bei Origenes greifbare und in der sogenannten „alexandrinischen Schule“ weiter entfaltete Auslegung nach mehreren Schriftsinnen hat aber das Christentum stark geprägt. Gleichwohl geht nicht die gesamte christliche Bibelauslegung in dieser Art auf. Gerne nennt man als Gegenpol die sogenannte „antiochenische Schule“, die den Literalsinn gegenüber dem allegorischen favorisiert. Doch die Aufteilung auf gegenpolige Schulen von allegorischer (Alexandriner) und wörtlicher (Antiochener) Auslegung greift zu kurz, weil sie rein äußerlich ist. Beiden gemeinsam ist die Suche nach einem christlichen Verständnis der Bibel Israels, das die einen in einem allegorischen Sinn erblicken, während die anderen die für sie auf Christus hin zulaufende Heilsgeschichte durch den wörtlichen Sinn bestätigt finden. Mit der Entstehung unterschiedlicher Auslegungen innerhalb einer Glaubensgemeinschaft (hier der Christen) brechen aber auch die Fragen der Kontrolle und Begrenzung auf. Während man im Judentum dieser Zeit bei vergleichbaren Fragen auf den Literalsinn als Maßstab verweist, bildet sich im Christentum unter gelegentlichem Hinweis auf den Literalsinn eine mehr und mehr von der apostolischen Tradition und der *Regula fidei*, dem gesamten Lehrgefüge des Glaubens, her begrenzte Auslegung heraus.

Nicht nur die Tatsache, daß es Auslegungen nach mehreren Schriftsinnen im Judentum und Christentum gab, verbindet bei aller Verschiedenheit der Ergebnisse Juden und Christen, sondern vor allen Dingen bildet die unangefochtene Autorität der Bibel als Heilige Schrift (Offenbarung) die Grundlage, auf der sich Rabbinen und Kirchenväter treffen. Dennoch begegnen im Judentum immer wieder Distanzierungstendenzen gegenüber allegorischen Auslegungen, weil diese teilweise mit den christologischen identifiziert werden und diese dann oft auch, nachdem das Christentum unter Konstantin im 4. Jahrhundert zur Staatsreligion geworden ist, im wahrsten Sinne des Wortes mit Macht durchgesetzt werden. Grundsätzlich aber bleibt die Möglichkeit, Bibeltexte in diesem Sinne auszulegen, bis weit über das Mittelalter hinaus anerkannt, wobei mögliche und nötige Begrenzungen der Auslegung im Judentum mehr am Text orientiert bleiben – wenn z.B. die Rabbinen festlegen, daß das Hohelied allegorisch ausgelegt werden muß –, während der Pentateuch nicht allegorisch ausgelegt werden darf.

Aus der Vielfalt dieser Auslegungen wird im Mittelalter schließlich ein methodisches Konzept von vier aufeinander bezogenen Auslegungsschritten entwickelt, das man gerne als „Lehre vom vierfachen Schriftsinn" bezeichnet. Die aufeinander bezogenen Schritte dieses Programms führt eindrücklich der bis heute vielzitierte Merkvers aus dem 13. Jahrhundert, der auf Augustinus von Dänemark zurückgeht, vor Augen:

Littera gesta docet,
quid credas allegoria
moralis quid agas,
quo tendas anagogia.

Der Buchstabe lehrt das Geschehene; was zu glauben ist, die Allegorie; der moralische (Sinn), was zu tun ist; wohin zu streben ist, die Anagogie.

Von diesem Merkvers her lassen sich die Inhalte der verschiedenen Schriftsinne erklären:

Littera gesta docet: Durch den Buchstaben der Schrift wird Geschichte erzählt, und deshalb geht es beim Wort- oder Literalsinn im letzten um die Geschichte als Inhalt der Schrift, die von Gottes Handeln in der menschlichen Welt Zeugnis gibt. Von hierher wird verständlich, warum bei Schriften, die nicht direkten geschichtlichen Charakter haben (z. B. dem Buch der Sprüche, dem Hohenlied), von einem fehlenden Literalsinn gesprochen werden kann. Daß Gottes Offenbarung in der Geschichte ergangen ist, begründet die Priorität des Literalsinns vor allen anderen Schriftsinnen, was mittelalterliche Formeln wie „historia est fundamentum" (die Geschichte ist die Basis) unterstreichen.

Quid credas allegoria: Insofern die Allegorie eine sprachliche Form ist, die auf eine Mehrdeutigkeit abhebt, stellt die Darlegung des allegorischen Sinns die Grundlage jeder Lehre von verschiedenen Schriftsinnen dar (s. o.). Von hierher kann die Allegorese als umfassender methodischer Ansatz für jede Deutung über den buchstäblichen Sinn hinaus gewertet werden. Als Beispiel kann das Hohelied dienen, das wegen seiner profanen Erotik die Ausleger immer vor die Frage nach seinem Sinn im Kontext der Heiligen Schrift hat fragen lassen. Die Antwort erfolgte zumeist in der Form der allegorischen Auslegung dieser Texte, wie das Beispiel eines Kommentars aus dem Jahre 1950 noch zeigt, der seiner „normalen" Erklärung jedes Abschnittes des Hohenliedes eine allegorische Deutung beigegeben hat. Zu Hld 6,1–3: „Wohin ist dein Geliebter gegangen, du Schönste unter den Frauen? Wohin hat sich gewandt dein Geliebter? Auf daß wir mit dir ihn suchen? Mein Geliebter ist hinabgestiegen in seinen Garten hin zu den Balsambeeten, um sich zu weiden am Duft der Weinstöcke und um Lilien zu sammeln. Ich gehöre meinem Geliebten und mein Geliebter mir, er, der da weidet in Lilien", heißt es beispielsweise indem in allen Texten der Mann als göttlicher Bräutigam (Gott/Christus) und die Frau als Kirche gedeutet wird: „Der göttliche Bräutigam ist hinabgestiegen in seinen Garten, das ist die heilige Kirche; nach treuem Suchen findet ihn die Kirche wieder zu seliger Liebesgemeinschaft" (J. Fischer, *Das Hohe Lied,* Würzburg 1950, 24).

Die Erhebung des allegorischen Sinns bleibt jedoch nicht bei der allegorischen Deutung einzelner Worte stehen, sondern bezieht sich mehr und mehr auf das Ganze der Schrift. Ausgehend vom Literalsinn wird sie auf die in ihm festgehaltenen Geschehnisse und Ereignisse und somit im letzten vor allen Dingen auf das gesamte Alte Testament, das als prophetische Vorausbildung des Neuen und damit der Kirche gelesen wird, angewendet. Man unterscheidet deshalb zwischen einer „allegoria verbi" und einer „allegoria facti". Meint jene, die Allegorie der Worte, den Unterschied, daß mit den Worten etwas anderes gesagt werden kann, als dem Wortsinn nach gemeint ist, bezieht sich diese, die Allegorie der Ereignisse, darauf, daß im Geschehen des einen etwas anderes verborgen vorgezeichnet werden kann (z.B. die Vorausbildung der Taufe im Durchzug der Israeliten durch das Rote Meer). So bringt die allegorische Auslegung den systematisch-theologischen oder dogmatischen Sinn der Schrift ans Licht, weshalb im Mittelalter die Allegorie dann oft auch als „sensus mysticus" oder auch als „Mysterium" bezeichnet wird, was Gregor d. Gr. in die Formel bringt „allegoria aedificat fidem" (die Allegorie bildet den Glauben).

Moralis quid agas: Betrifft die allegorische Deutung die Glaubenserkenntnis, dann der moralische Sinn die sittliche. Die Tropologie, wie der moralische Sinn auch genannt wird, entfaltet somit eine christliche Lebensregel. So kann das Zelt der Begegnung, das Mose in der Wüste beim Exodus errichten ließ und das ebenso wie der Salomonische Tempel allegorisch auf Christus als Ort der Gottesnähe hin gedeutet wird, tropologisch auf das menschliche Herz als Wohnstätte Gottes bezogen werden. Diese Auslegung versucht also, die für die Glaubensgemeinschaft (Kirche) gebrauchten Bilder und Symbole für den einzelnen dieser Gemeinschaft fruchtbar zu machen. Hierbei wird auf das Innerliche der Haltung und die daraus resultierenden Handlungen abgehoben, so daß das, was sich geschichtlich einmal ereignete und in den biblischen Erzählungen mitgeteilt wird, sich im Denken und Tun jedes einzelnen wiederholen soll. Als Ziel dieser moralischen Auslegung, die den Übergang vom *factum* zum *faciendum* betrifft, also von dem, was geschehen ist, zu dem, was – durch den einzelnen Christen – geschehen soll, kann eine christlich-orientierte Lebens- und Weltordnung angegeben werden.

Quo tendas anagogia: Der vierte und letzte Sinn auf dem Weg der Auslegung nach der Lehre vom vierfachen Schriftsinn läßt noch einmal durchblicken, daß diesem Auslegungskonzept letztendlich eine Zweiteilung zugrunde liegt, die neben dem Literalsinn einen oder mehrere andere – wie auch immer geartete und im einzelnen umschriebene – Sinne kennt; denn die Anagogie vermag der Geschichte des Volkes Israels als Objekt des historischen Sinns die Ankunft Christi in dreifacher Weise – gemäß den drei weiteren Sinnen der Schrift – gegenüberzustellen. Seine Menschwerdung findet sich in der allegorischen Deutung des Alten Testaments wieder. Sein Eingehen in den einzelnen Gläubigen in der moralischen Auslegung, und schließlich ist seine Wiederkunft am Ende der Zeiten Gegenstand der Auslegung des anagogischen Sinns. Im Sinne einer linearen Geschichtsdeutung der Heilsgeschichte versucht diese Auslegung die Linie, die ihren Ursprung im Volk Israel hat, weiter auszuziehen über die christliche Kirche hinaus bis zu einer ewigen himmlischen Gemeinschaft. Insofern lenkt die Anagogie wieder ins Herz der Schrift zurück, wenn sie deren Inhalt, die christliche Hoffnung selbst, zu entfalten sucht.

Zwei markante Ziele lassen sich bei der Auslegung im Kontext der skizzierten Lehre vom vierfachen Schriftsinn erkennen: Zum einen ist die Auslegung ausgerichtet auf eine Erschließung des Bibeltextes hin auf unterschiedliche aktuelle Situationen, dies jedoch nicht im Sinne der modernen Frage nach einer aktuellen Relevanz historisch fernliegender Texte, sondern in einer heilsgeschichtlichen Kontextuierung der christlichen Existenz, d.h. es geht um die Bedeutung der Schrift für den Christen, der sein Leben gestellt sieht zwischen

Auferstehung und Wiederkunft Christi. Zum anderen lebt diese Auslegung nach mehreren Schriftsinnen geradezu davon, daß sie aufgrund der Besonderheit der christlichen Bibel einen Brückenschlag zwischen Altem und Neuem Testament versucht und somit sich der entscheidenden hermeneutischen Frage der christlichen Bibel, nämlich der nach der Bedeutung des Alten Testamentes, stellt. Die Reflexion auf die Frage nach dem ersten Teil des Kanons der christlichen Bibel spielt in der Lehre vom vierfachen Schriftsinn eine ganz entscheidende Rolle, weil hier der Auslegung die Funktion zukommt, das Problem aufzulösen, das sich daraus ergibt, daß das Alte Testament der Christen die Heilige Schrift der Juden zuvor schon war und weiterhin ist. Daß aber der Umgang mit mehreren Schriftsinnen nicht auf christlichem Boden entstanden ist, um ein Verständnis des Alten Testamentes zu erreichen, wie es später sehr wichtig und entscheidend wurde, zeigt sich schließlich auch daran, daß die jüdische Bibelauslegung ebenfalls die Auslegung nach mehreren Schriftsinnen weiterentwickelt hat.

Das rabbinische Judentum unterscheidet zuerst nur zwischen dem Literalsinn (*peschat*) und einem weiteren Sinn, der sich aus der gesetzlichen oder homiletischen Auslegung ergibt (*derasch*). In der weiteren Entwicklung hat man aber die Auslegungen, die religiöse Vorschriften betreffen, als *halachah* (wörtlich: wandeln, gehen) aus dem *derasch* genannten übertragenen Schriftsinn herausgenommen und verselbständigt, so daß dieser sich dann nur noch auf die erbaulichen (homiletischen) Auslegungen bezog. Daneben hat die schon erwähnte Begrenzung der allegorischen Auslegung als Reaktion auf entsprechende christliche Auslegungen dazu beigetragen, daß die Auslegungsarten weiter ausdifferenziert wurden. Aber erst unter dem Druck der stark philologisch orientierten Bibelauslegung der jüdischen Gruppe der Karäer gewann im 9. Jahrhundert der Literalsinn (*peschat*) wieder größere Bedeutung gegenüber der Allegorese des *derasch*. Als unterschiedliche „Wege“ stellte im 12. Jahrhundert der Gelehrte Abraham Ibn Esra verschiedene Auslegungsarten vor. Der erste seiner fünf

Wege betrifft die Einbeziehung profaner Wissenschaften in die Bibelauslegung. Zu seiner Zeit war es weit verbreitet, möglichst viel an profanem Wissen in die Bibelkommentare einfließen zu lassen. Ibn Esra trat dagegen für eine deutlichere Trennung von wissenschaftlicher Literatur und Bibelkommentaren ein. Der zweite Weg, den er nennt, bezieht sich auf die von den Karäern favorisierte ausschließliche Auslegung nach dem Literalsinn in konsequentem Bezug auf den Bibeltext. Ibn Esra lehnt diese Art der Auslegung ab, weil sie die Verwerfung der Tradition im Sinne der vorliegenden Bibelauslegungen impliziert. Sein dritter Weg nimmt schließlich die allegorische Deutung in den Blick, die Ibn Esra nur dort für zulässig hält, wo es sich um Metaphern handelt oder der buchstäbliche Sinn des Textes unverständlich ist. Als vierten Weg beschreibt Ibn Esra dann die Predigt und Verkündigung, also einen Bereich, den wir schon der Anwendung der Auslegung zuweisen würden. Diesen Weg kritisiert er aber heftig, weil die Prediger die Grammatik mißachten und so sich immer weiter von der Textbasis entfernen. Der fünfte Weg zu guter Letzt, der einzige, den Ibn Esra für gangbar hält, ist sein eigenes Programm einer auf der Basis der grammatischen Analyse beruhenden Auslegung des wörtlichen Sinns unter kritischer Berücksichtigung der Tradition. Aber auch von hierher hat die jüdische Bibelexegese noch Weiterentwicklungen erfahren, bis sie dann auch vier Arten der Schriftauslegung festgehalten hat, wie sie am Ende des 13. Jahrhunderts Bachja ben Ascher aus Saragossa vorlegte: Er unterscheidet entsprechend der oben skizzierten christlichen Lehre vom vierfachen Schriftsinn eine buchstäbliche Auslegung (*peschat*), eine allegorische (*remez*), eine homiletische oder erbauliche (*derasch*) und schließlich eine mystische (*sod*). Diese vier Arten der Schriftauslegung werden zusammengefaßt in dem von den Anfangsbuchstaben abgeleiteten Merkwort *pardes* (besser: *PaRDeS*), „Paradies". Für die jüdische Auslegung ist mit dieser Unterscheidung nach vier Schriftsinnen aber weder ein Abschluß noch ein Höhepunkt erreicht, sondern lediglich eine Möglichkeit des Umgangs mit der Schrift. Niemals jedoch hat die Auslegung nach vier Schriftsinnen im Judentum eine solch generelle und gewichtige Stellung eingenommen wie im Christentum, wo die Besonderheit der zweigeteilten Bibel entsprechende Auslegungsarten geradezu gefordert hat.

Bei aller Verschiedenheit der Auslegung innerhalb der christlichen und der jüdischen Entwicklung zeigt doch die Suche nach verschiedenen Schriftsinnen und die dementsprechende Auslegung der Bibel ein gemeinsames Anliegen: Es geht um die Relevanz der Aussagen der Schrift für das konkrete Leben der Gläubigen. Über die rein historische Information im Sinne von „dies oder das war so oder so“ hinaus wird nach der historischen Bedeutung der Texte für die Gläubigen unterschiedlicher Epochen gefragt. An die Seite des Wissens um die Glaubensgeschichte stellt sich eine Einordnung in diese Geschichte, d.h. der einzelne Gläubige wird gesehen und verstanden als Teil einer *synchronen Glaubensgemeinschaft*, die sich selbst wieder als Teil einer *diachronen Glaubensgemeinschaft* versteht. In beiden Aspekten erkennt die Glaubensgemeinschaft ihren Ursprung in der Bibel. Die Auslegung der Schrift nach verschiedenen Sinnen ermöglicht folglich die Einordnung der konkreten Existenz in das Koordinatenkreuz von Synchronie und Diachronie dieser Geschichte.

Der deutlich in unterschiedlichsten Formen zutage tretende Subjektivismus dieser Auslegungsart erweist sich zugleich als Hilfe und als Schwierigkeit, weil einerseits durch ihn eine sehr differenzierte und damit auch sehr konkrete Rezeption des Textes ermöglicht wird, andererseits aber auch mangels fest umschriebener Kriterien das Verhältnis von Text und Auslegung völlig offenbleibt, so daß der Bibeltext selbst zum rhetorischen Spielball werden kann und das Spiel mit ihm die eigentliche Intention, die Auslegung des Textes, vergessen läßt. Als Regulativ begegnet hier der schon von den Kirchenvätern her bekannte Bezug auf die Glaubenstradition und – bei Juden und Christen – der Hinweis auf die Priorität des Literalsinns. Das Auspendeln zwischen der Auslegung nach mehreren Sinnen und gleichzeitiger Suche nach Regulativen im Umgang mit diesen Sinnen weist aber auf eines der Grundprobleme der

Auslegung hin, das darin besteht, daß die Bibel von der Glaubensgemeinschaft als autoritativer Text tradiert wird, der beansprucht, Wort Gottes, Offenbarung, zu sein. Am Ausgang des Mittelalters wird immer mehr versucht, die sich so stellenden Fragen der Theologie von der Bibel selbst her in Angriff zu nehmen, so daß in dieser Zeit in Anknüpfung an die jüdischen Bemühungen um den Bibeltext auch die ersten bedeutenden christlichen Hebraisten auftreten.

2. Die ursprüngliche Bedeutung des Textes

Durch die philologische Orientierung einiger christlicher Exegeten im Spätmittelalter wurde im Christentum das Interesse am hebräischen und griechischen Urtext der Bibel neu geweckt, das schon eine wahre Blüte zur Zeit der Kirchenväter, besonders im 4./5. Jahrhundert bei Hieronymus, erlebt hatte. In gewisser Weise ist auch der Reformator Martin Luther hier einzureihen, der für seine Bibelübersetzung nicht nur auf hebräische Texte zurückgriff, sondern die Hebräische Bibel selbst als Ursprung im Blick auf den Kanon zugrunde legte. Die Suche der Reformation nach den Ursprüngen des Christentums trifft sich hier mit den philologischen Forschungen zum Urtext der Bibel. Dadurch finden die im Mittelalter nicht enden wollenden Diskussionen um die innere Relation der verschiedenen Schriftsinne im Kontext der Schriftauslegung nach dem Prinzip des vierfachen Schriftsinns einen deutlichen Abschluß. Luther lehnt die übertragenen Sinne der Schrift weitgehend – bei der eigentlichen Auslegung, nicht der Predigt – ab und läßt nur den buchstäblichen Sinn gelten. Allerdings liest und versteht er das Alte Testament im ganzen christologisch, was er aber als prophetischen Sinn dieser Schrift im Hinblick auf das Christentum deutet. Damit knüpft er ebenso wie bei der Bestimmung, daß die Schrift in den für die Kirche relevanten Beziehungen von Schrift, Glaubensbekenntnis und Glaubensgemeinschaft Vorrang habe, an bereits frühchristlich virulente Fragen an. Gegen die von der Kirche im Laufe der Zeit vorgenommene autoritative Fixierung der Auslegung der

Schrift und damit ihrer Bedeutung setzt Luther den Gedanken, daß die Schrift „durchsichtig" sei und keines kirchlichen Lehramtes für ihre Auslegung bedürfe. Orientierung und Maßstab für die Auslegung gibt dem Reformator die sogenannte Rechtfertigungslehre. Von hierher wird das reformatorische Schriftprinzip *sola scriptura* formuliert, das besagt, daß die Bibel Grundlage und Maßstab der christlichen Lehre und des christlichen Lebens sei. Als Reaktion darauf legt das Konzil von Trient das Gewicht auf die gegenüberliegenden Pole und betont die Rolle der Verbindung von Heiliger Schrift und Tradition sowie die Funktion des kirchlichen Lehramtes für die Auslegung der Schrift. Die protestantische Orthodoxie des 16. und 17. Jahrhunderts setzt dem nun den Gedanken der Verbalinspiration, der unmittelbaren Verständlichkeit und unmittelbaren aktuellen Bedeutung, entgegen. Die Konzentration der Reformatoren auf die Heilige Schrift begünstigt und fördert die Beschäftigung mit den ursprachlichen Bibeltexten.

Hatte man bis zum Mittelalter immer wieder versucht, sozusagen neue Sinne in der einen Heiligen Schrift zu entdecken, so führten die reformatorischen Orientierungen an den Anfängen und Ursprüngen des Christentums zusammen mit den historischen und philologischen Interessen in der Neuzeit dazu, daß man die vielen Sinne der Schrift zugunsten eines einzigen immer mehr aufgab, nämlich zugunsten des angenommenen und erarbeiteten *ursprünglichen Schriftsinns*. Die einsetzende und intensivierte Quellenforschung in den Geschichts- und Literaturwissenschaften tat das Ihre dazu, das anfängliche, ursprüngliche und wiederentdeckte Alte als das Wahre und Richtige anzusehen. Nicht nur in der Theologie und Bibelwissenschaft breitete sich der Gedanke aus, daß geschichtliche Entwicklungen zu Minimierungen und Verwässerungen der idealen Ideen und Gedanken der Anfänge geführt hatten, so daß der Ruf „zurück zu den Anfängen" wie selbstverständlich in vielen Bereichen zu hören war. Auf diesem Hintergrund ist es auch verständlich, daß die hinter der jahrhundertelang geübten Bibelauslegung nach verschiedenen Schriftsinnen stehende Intention, die Bedeutung der (alten)

Texte für die jeweilige Zeit zu erheben, mit der Neuzeit und der Aufklärung in den Gedanken gefaßt wurde, daß der (vermeintliche) Ursprungssinn der jeweils aktuelle, heutige Sinn sei. Gefördert durch die Einsichten der Vernunft in der Aufklärung (z.B. beim jüdischen Philosophen Baruch de Spinoza) entstand im 17. Jahrhundert, beginnend mit dem katholischen Priester Richard Simon, die sogenannte „historisch-kritische" Forschung in der Bibelwissenschaft. Da sie von ihren Intentionen her mit dem reformatorischen Gedankengut in Einklang stand, konnte sie sich auch schnell und umfassend in der evangelischen Theologie durchsetzen und weiterentwickeln, während sie auf katholischer Seite zurückgedrängt wurde und erst durch die Enzyklika „Divino afflante Spiritu" Papst Pius XII. 1943 offiziell anerkannt wurde. Mit dieser Enzyklika wurde auf katholischer Seite auch endgültig die allegorische Schriftauslegung zurückgestellt zugunsten der Bedeutung des Literalsinns, der an den ursprachlichen Bibeltexten erhoben werden sollte.

Will man die Bedeutung der sogenannten „historisch-kritischen Exegese", die die gesamte Bibelwissenschaft bis heute entscheidend prägt und bestimmt, für die Auslegung der Bibel verstehen, ist es hilfreich, die einzelnen Methodenschritte genauer zu betrachten. Sechs Methodenschritte sind es, die die konkrete Textauslegung im Horizont historisch-kritischer Forschung bestimmen.

(1) Textkritik

Der Textkritik geht es um die Prüfung und Sicherung des Untersuchungsgegenstandes, also des Textes selbst. Im einzelnen ist dazu die komplizierte und komplexe Textgeschichte durch Vergleich unterschiedlicher Textüberlieferungen, vor allen Dingen auch in den Traditionen der großen klassischen Bibelübersetzungen (griechische Septuaginta, lateinische Vulgata etc.) nachzuvollziehen. Dabei wird versucht, eine – wenn auch nur annäherungsweise – sichere älteste Textstufe als Grundlage zu erhalten.

(2) Literarkritik

Der Literarkritik geht es um die Prüfung der Einheitlichkeit des Textes. Im einzelnen sind damit mehrere verschiedene Analyseschritte gemeint. Zuerst muß der zu untersuchende Textabschnitt extern und intern abgegrenzt werden, d.h. durch entsprechende Hinweise aus dem Text muß die Abgrenzung zum vorausgehenden und nachfolgenden Text plausibel gemacht und intern die Geschlossenheit des Abschnittes begründet werden. Sodann folgen mehrere sogenannte „Kohärenzprüfungen", die auf verschiedenen Ebenen nach möglichen Brüchen im Text suchen, die selbst wiederum Hinweis für die Uneinheitlichkeit des Textes sein können. Es erfolgt:

- die Überprüfung der thematisch-logischen Kohärenz (logische Brüche, Entfaltungen des Themas, Grundgedanken, Eintragungen, Randbemerkungen etc.);
- die Überprüfung der syntaktisch-stilistischen Kohärenz (Störungen der linearen Textverknüpfung auf der Ebene von Worten bzw. Wortgruppen, Sätzen, Eigenarten der Verbindung von Wortgruppen, der Wahl von Satztypen, der Aufbau des Textes);
- die Überprüfung der semantischen Kohärenz (Bedeutungsidentität von Begriffen im Text, Kombinierbarkeit der Verbindungen von Wortbedeutungen, Eigenarten in der lexikalischen Füllung von Sätzen etc.).

Auf der Grundlage dieser Überprüfungen wird eine Hypothese zur Entstehung des vorliegenden Textes formuliert, bei der folgende vier Basismöglichkeiten begegnen können:

- Es handelt sich um eine *einfache Texteinheit* (geschlossener, bruchloser Text);
- es handelt sich um eine *erweiterte Texteinheit* (ein ursprünglicher Text ist durch Zusätze im Text erweitert worden);
- es handelt sich um eine *ergänzte Texteinheit* (unabhängig voneinander existierende Texteinheiten sind zusammengearbeitet worden);

- es handelt sich um eine *erweiterte und ergänzte Texteinheit* (die beiden zuvor genannten Möglichkeiten des Textes finden sich hier kombiniert).

(3) Form- und Gattungskritik

Der Form- und Gattungskritik geht es um das Aufspüren der Kommunikationsschemata in einem Text. Die Sprache kennt neben grundlegenden Texttypen (dem deskriptiven, narrativen, expositorischen, argumentativen und instruktiven Typ) auch Formeln, die beispielsweise als Grußformen, Reklamesprüche, Liebeserklärung u.ä. begegnen. Diese Formeln gehören zu einer Gattung (z.B. Hymnus, Klage, Rechtstext etc.), die in einen bestimmten Kontext („Sitz im Leben") gehört. Um diese Kommunikationsstruktur zu erheben ist es nötig, zuerst die individuelle Gestalt (Form) eines Textes zu erfassen, dann seine typische Struktur (Gattung) durch Vergleich mit ähnlich gestalteten Texten zu ermitteln, um schließlich die Kommunikationssituation des Textes durch Vergleich von Funktion und Intention des vorliegenden Einzeltextes mit Funktion und Intention der Gattung zu untersuchen.

(4) Motiv- und Traditionskritik

Der Motiv- und Traditionskritik geht es um die Untersuchung der verarbeiteten Gedanken bzw. Vorstellungen. Dazu müssen zuerst Motive aufgespürt werden, diese dann auf mögliche vorhandene Traditionen hin geprüft werden, um schließlich die Art und Weise der Verarbeitung der Motive bzw. Tradition(en) im vorliegenden Text zu ermitteln.

(5) Überlieferungskritik

Die Überlieferungskritik versucht den gesamten Prozeß der Entwicklung zu erfassen, indem mögliche vorliterarische (mündliche) Stadien des Textes untersucht werden. Verfechter einer enggezogenen und strengen Methodik modifizieren diesen Arbeitsschritt oder lehnen ihn vollständig ab, weil sie den Übergang in der Analyse von der schriftlichen zur mündlichen Form mit Methoden, die für schriftlich fixierte Texte entwickelt wurden, für methodisch nicht gerechtfertigt halten.

(6) Kompositions- und Redaktionskritik

Der Kompositions- und Redaktionskritik geht es um die Untersuchung des Wachstumsprozesses des Textes. Dieser Arbeitsschritt korrespondiert unmittelbar mit dem zweiten, der Literarkritik, weil er in gewisser Weise die Synthese zur literarkritischen Analyse darstellt. Die von ihr aufgestellte Hypothese zur Entstehung des Textes findet ihre notwendige Überprüfung in diesem Arbeitsschritt, der das Wachstum von der einfachen Einheit zum vorliegenden Gesamttext zu erklären hat. Dazu ist es nötig, die einzelnen erarbeiteten Textstufen den aus anderer Literatur bekannten Bearbeitungsstufen (z.B. Einzeltext des Pentateuchs im Gesamt des Pentateuchs u.ä.) zuzuweisen bzw. im Horizont bekannter literaturgeschichtlicher Entwicklungen der Bibel zu erklären. Sein Ziel findet dieser Arbeitsschritt in der Beschreibung des situativen und literarischen Kontextes des jeweiligen analysierten Mikro-Textes von der Situation und Intention des Makro-Textes her. Es geht also um die plausible Einordnung des im kleinen Erarbeiteten in den großen literaturgeschichtlichen Zusammenhang der biblischen Literatur.

Das so entwickelte Instrumentarium der historisch-kritischen Bibelwissenschaft versucht also, durch breit angelegte Einzelarbeiten, die alle aufeinander bezogen sind, einen ursprünglichen Textsinn herauszuarbeiten. Im Laufe der Geschichte läßt sich aber feststellen, daß einzelne Methodenschritte dieses Gesamtkonzeptes immer wieder herausgelöst wurden und sich verselbständigt haben, so daß ganze Forschungsrichtungen von den Schwerpunkten einzelner Methodenschritte bestimmt waren. So hat eine verselbständigte Literarkritik sowohl die Quellenscheidung im Pentateuch als auch die sogenannte

Zwei-Quellen-Theorie bei den synoptischen Evangelien hervorgebracht. Die Untersuchung der Formgeschichte oder auch die Berücksichtigung des jeweiligen kulturellen und religiösen Umfelds hat in der Bibelwissenschaft schließlich sogar eigene Schulen begründet. Solche Verselbständigungen einzelner Methodenschritte aus dem Konzept historisch-kritischer Forschung haben allerdings auch dazu geführt, daß die gesamte Methode mehr und mehr in Mißkredit geraten ist, weil der Sinn des Ganzen – im Sinne einer Textauslegungsmethode – kaum noch erkennbar wurde. Vor allen Dingen ist dies dort deutlich geworden, wo eine aufwendig durchgeführte Literarkritik im Sinne der Aufspaltung in ursprüngliche Texteinheiten etc. getrieben wurde, ohne daß diese Analyse ihre notwendige Auflösung in der Synthese einer Kompositions- und Redaktionskritik gefunden hätte. Man muß aber auch sehen, daß diese Verselbständigungen und Einseitigkeiten letztendlich Konsequenz des Ansatzes historisch-kritischer Forschung sind, insofern nämlich im Vordergrund steht, das Ursprüngliche, Anfanghafte des Textes zu ermitteln. Dabei stellt sich mehr oder weniger deutlich die Frage, wo dieser Anfang des Textes zu finden ist.

Die Besonderheiten der biblischen Literatur als Traditionsliteratur bedingen, daß die Frage nach dem Ursprung und der Entstehung eines Textes in den Text selbst zurückverwiesen wird. Am Anfang steht also nicht ein fertiger Text, sondern die Geschichte einer Textgenese. Durch die Anlage historisch-kritischer Forschung hat sich deshalb oft auch die Frage auf den letzterreichbaren Ursprung der Texte zugespitzt. In alttestamentlichen Texten wurde dies z.B. in den eruierten ursprünglichen Worten der Propheten gesucht und im Neuen Testament in den ureigensten Worten und Taten Jesu. Schnell war man dann auch mit dem Urteil bei der Hand, daß dies und jenes eben nachträglich, sekundär sei. Dem Laien, dem diese Urteile in bezug auf Bibeltexte begegneten, mußten sie fast schon wie Markenzeichen dieser Art der Bibelauslegung erscheinen, so daß „historisch-kritisch" oft verstanden wurde als Erweis des Unhistorischen, weil die Urteile „nachträglich" oder „sekundär" gleichgesetzt wurden mit „unbedeutend", „unwahr", „verschleiert" u.ä. Die wachsende Einsicht in die Geschichtlichkeit der Glaubensüberlieferung – auch und gerade derer, die sich in der Bibel niedergeschlagen hat – hat nicht nur dazu geführt, daß man historisch-kritisch nach den Ursprüngen gesucht hat, sondern auch, daß man mehr und mehr den „garstigen Graben" der Geschichte als Problem für das Verstehen biblischer Texte wahrgenommen hat. Dies hatte schließlich zur Folge, daß man die als Reaktion auf die frühchristliche und vor allen Dingen mittelalterliche Auslegung verständliche Gleichung, die den ursprünglichen Sinn des Textes mit dem jeweils aktuellen gleichsetzt, infrage gestellt hat.

3. Die vielen Leser des Textes

Wer immer sich in unseren Tagen mit der Bibel und den Fragen ihrer Auslegung auch nur ein wenig beschäftigt, macht schnell die Beobachtung, daß auf diesem Feld anscheinend unaufhörlich neue Auslegungsarten und -methoden wie Pflanzen sprießen, und kaum einer – oft selbst nicht einmal der Fachexeget – vermag all diese jungen Pflänzchen mit der ihnen zugeordneten und verwirrenden schillernden Nomenklatur (z.B. psychologische, tiefenpsychologische, sprachanalytische, strukturalistische, materialistische, soziologische, feministische, befreiungstheologische, existentiale, kontextuelle, kanonische, mehrdimensionale, integrative usw. Auslegung) noch in ihren Eigenheiten und Besonderheiten zu erkennen und genau zu bestimmen. Allen gemeinsam scheint lediglich, daß sie sich als *Alternativen* verstehen, indem sie auf etwas abzielen, was die etablierte Methode der Auslegung – gemeint ist die vor allen Dingen im wissenschaftlichen Bereich praktizierte historisch-kritische –, nicht zu leisten vermag. Die Vielfalt von neuen Zugängen, Leseweisen oder Auslegungsarten kann man eigentlich nur als Widerspiegelung der vielfältigen Interessen unterschiedlichster Leser deuten. Auf diesem Hintergrund sind die verschiedensten Auslegungen der letzten Jahrzehnte hier unter der Rubrik „die vielen Leser des Textes" zusammengefaßt worden. Wenn von den „vielen Lesern" gesprochen wird, dann aber nicht nur im Hinblick auf die menschliche Vielfalt, die hinter den zahlreichen Auslegungsarten steht, sondern etwas spezifischer auch bewußt mit Blick auf das Phänomen des Lesers, das in vielen neueren Ansätzen im Anschluß an die Rezeptionsforschung innerhalb der Literaturwissenschaft (s.o. II. 4.) Berücksichtigung findet. Dies gilt aber nicht nur dort, wo Auslegungsarten sich direkt als *leserorientiert* ausweisen, sondern auch dort, wo man in je eigener Weise bei spezifischen Interessen bestimmter Gruppen oder Individuen einsetzt.

Exkurs: Beispiele der Bibelauslegung
Um das breite Spektrum der verschiedenen neuen Zugangsweisen und Auslegungsarten biblischer Texte sichtbar werden zu lassen, sollen im folgenden einige von ihnen, und zwar vor allem solche, die sich schon breiter angewendet finden und denen man deshalb häufiger und auf vielfältige Weise begegnet, knapp skizziert werden. Damit das Besondere und Eigene der verschiedenen Auslegungen verständlich wird, soll neben die jeweilige Kurzbeschreibung des Ansatzes noch ein Textbeispiel treten, an dem verständlich gemacht wird, worin die Möglichkeiten und Grenzen der jeweiligen Art bestehen. Um die einzelnen Auslegungsarten dabei auch vergleichen zu können, wäre es am besten, wenn immer derselbe Text auf je andere Weise behandelt würde. Ideal wäre zudem, wenn authentische Beispiele für die jeweilige Auslegungsart vorgestellt werden könnten. Aber bis heute gibt es keinen Bibeltext, zu dem mehrere Auslegungen nach den verschiedenen neueren Auslegungsarten vorliegen, was u.a. auch mit der weiter unten noch zu behandelnden Fixierung bestimmter Auslegungsarten auf einzelne Textgattungen zu tun hat. Da die Wiedergabe von kompletten Auslegungen nach verschiedenen Auslegungsarten den Rahmen der vorliegenden Darstellung sprengen würde und der Gedanke des Vergleichs an einem konkreten Text für den vorliegenden Kontext wichtiger ist, wurde hier

eine Kompromißlösung gewählt, die darin besteht, daß versucht wird, aufzuzeigen, was die eine oder andere Auslegungsart zu einem bestimmten Text zu sagen hätte bzw. wie sie mit ihm umgehen würde. Diesen Weg hat auch Horst Klaus Berg in seinem Buch „Ein Wort wie Feuer. Wege lebendiger Bibelauslegung" eingeschlagen. Er stellt in umfassender Weise 13 verschiedene Auslegungsarten vor und überprüft sie jeweils an zwei Textbeispielen, nämlich der Geschichte von Kain und Abel (Gen 4,1–16) und der Erzählung von der Heilung des Besessenen von Gerasa (Mk 5,1–20). Im folgenden wird auf das erste der genannten Textbeispiele, zurückgegriffen, um interessierten Leserinnen und Lesern die Möglichkeit zu geben, das hier kurz Skizzierte anhand der Darstellung von Berg weiter zu vertiefen und auf weitere – hier nicht dargestellte – Auslegungsarten auszuweiten. (Die in Klammern gesetzten Seitenzahlen beziehen sich in diesem Exkurs immer auf das Werk von Berg.) Dem ganzen wird eine textnahe Übersetzung der Brudermordgeschichte von Gen 4,1–16 vorangestellt, um den Rückbezug auf einzelne Textteile bei der nachfolgenden Darstellung zu erleichtern. Daraufhin werden die wichtigsten Aspekte der Auslegung nach der im vorausgegangenen Kapitel ausführlich dargestellten „historisch-kritischen Methode" folgen, bevor dann schließlich andere Auslegungsarten skizziert und am Textbeispiel konkretisiert werden.

– Gen 4,1–16

1 Und der Mensch (Adam) erkannte Eva, seine Frau. Und sie wurde schwanger und gebar den Kain und sagte: Erworben habe ich einen Mann mit JHWH (= Wiedergabe des unaussprechlichen, weil unvokalisierten biblischen Gottesnamens).

2 Und sie gebar wieder seinen Bruder, den Abel. Und Abel wurde Schafhirte, und Kain wurde Ackerbauer.

3 Und nach einiger Zeit geschah es, daß Kain von den Früchten des Ackerbodens eine Opfergabe für JHWH darbrachte.

4 Und auch Abel brachte etwas dar von den Erstlingen der
Schafe und von ihrem Fett. JHWH wandte sich aber Abel
und seiner Opfergabe zu.
5 Zu Kain und seiner Opfergabe aber wandte er sich nicht.
Das entzürnte Kain und sein Gesicht sank herab.
6 Da sagte JHWH zu Kain: Wozu zürnst du und wozu sinkt
dein Angesicht herab?
7 Ist es nicht so: Wenn du Gutes tust, kannst du dich erhe-
ben, wenn aber nicht, dann lagert die Sünde vor deiner
Tür und verlangt nach dir; du aber kannst ihrer Herr wer-
den.
8 Und Kain sprach zu seinem Bruder Abel: Doch es geschah
dann, als sie auf dem Feld waren, da erhob sich Kain ge-
gen Abel seinen Bruder und erschlug ihn.
9 Und JHWH sprach zu Kain: Wo ist Abel, dein Bruder?
Und er sagte: Ich weiß es nicht, bin ich etwa der Hüter
meines Bruders?
10 Er aber sagte: Was hast du getan? Die Stimme des Blutes
deines Bruders schreit vom Ackerboden her zu mir.
11 Jetzt aber sollst du verflucht sein vom Ackerboden, der
seinen Mund aufgesperrt hat, um das Blut deines Bruders
von deiner Hand aufzunehmen.
12 Wenn du den Ackerboden bearbeitest, soll er dir von nun
an seine Kraft nicht mehr geben, unstet und flüchtig wirst
du sein auf der Erde.
13 Da sagte Kain zu JHWH: Zu groß ist meine Schuld, um
sie zu ertragen.
14 Siehe, du vertreibst mich heute vom Angesicht des Acker-
bodens und auch vor deinem Angesicht muß ich mich ver-
stecken und unstet und flüchtig muß ich auf der Erde sein,
so daß, wer mich findet, mich töten wird.
15 Daraufhin sagte JHWH zu ihm: Deshalb, wer immer Kain
töten will, siebenfach würde es geahndet. Und JHWH
setzte dem Kain ein Zeichen auf, damit ihn nicht erschla-
ge, wer ihn finde.
16 Und Kain ging fort vom Angesicht JHWHs. Und er wohn-
te im Land Nod, östlich von Eden.

Die *historisch-kritische Exegese* (41–93), wie sie im vorausgehenden Kapitel (III. 2.) in ihren verschiedenen Schritten entfaltet wurde, bemüht sich mit Hilfe des beschriebenen methodischen Instrumentariums darum, die literarische Genese des Textes nachzuzeichnen und seinen ursprünglichen Sinn zu erheben. Dazu wird nach der Textkritik die Textabgrenzung durchgeführt, die das Stück Gen 4,1–16 als „relativ selbständige" Erzählung ausweist, weil der Handlungsbogen zwar in sich geschlossen ist, die Personen und Ereignisse aber mit dem vorauslaufenden und nachfolgenden Text verbunden sind (vgl. besonders Gen 3,20 mit der ersten Erwähnung des Namens Eva sowie Gen 4,17 mit der genealogischen Fortsetzung von Kain oder Gen 5,1 mit der Geschlechterfolge nach Adam). Im Blick auf die Einheitlichkeit der Geschichte fallen vor allen Dingen die Verse 6 und 7 auf, weil sie wie eine eigene kleine Episode wirken, die den Handlungsablauf der kurzen Geschichte unterbricht, um die allgemeine Sentenz über die Sünde einzubringen. Eigentümlich ist sodann die Redeeinleitung in Vers 8, auf die keine direkte Rede folgt. Bei der literarkritischen Hypothesenbildung wird man aufgrund dieses Befundes wohl zuerst von einer „erweiterten Texteinheit" auszugehen haben, da die Elemente, die die Einheitlichkeit des Textes stören, für sich gelesen keinen weiteren selbständigen Text ergeben. Der formale Aufbau der Geschichte stellt sich also wie folgt dar:

1. Genealogische Exposition (V. 1–2)
2. Das Opfer und seine Folgen (V. 3–4)
3. Gottes Gespräch mit Kain (V. 5–6)
4. Der Totschlag (V. 8)
5. Gottes Gespräch mit Kain (V. 9–15)
6. Weggang Kains (V. 16)

Aufgrund dieser Beobachtungen zur Form erkennt man, daß es sich um die Gattung der Sage handelt, denn deren typische Merkmale sind: unvermittelter Einsatz, lapidarer (abrupter) Erzählstil, Gefälle von der Handlungsorientierung zur Redeorientierung am Schluß, Konzentration auf wenige Personen,

Einlinigkeit im Erzählstrang, Lokalisierung der erzählten Ereignisse auf einen eng begrenzten Lebensraum. Innerhalb der Gattung Sage lassen sich aber weitere Differenzierungen treffen, so unterscheidet man: Familiensagen, ätiologische Sagen (bemerkenswerte Erscheinungen der Gegenwart werden mit Ereignissen der Vergangenheit erklärt), ethnologische Sagen (Völkerschaften betreffend), Menschheitssagen (Lebensbedingungen und Erfahrungen aller Menschen betreffend), Heiligtums- und Ortssagen, Prophetensagen u. a. Versucht man die Geschichte von Gen 4 hier einzuordnen, so stellt man fest, daß mehrere Sagen-Typen nebeneinander bzw. ineinander geschoben vorliegen. So finden wir in Gen 4 Elemente der ätiologischen Sage, nämlich in bezug auf den Stamm der Keniter, deren unstete (nomadische?) Lebensweise, sowie deren Stammeszeichen in der Geschichte durch eine Verbindung zum Stammesvater Kain erklärt wird. Dann sind Elemente der Menschheitssage im Blick auf die Frage nach dem Brudermord (bzw. dem Mord allgemein) als Schuldproblematik zu finden. Was den „Sitz im Leben" dieser Sagen betrifft, so muß man bei der nun vorliegenden Erzählung, die die verschiedenen Elemente verbindet, unterscheiden zwischen den wohl ursprünglichen Sagen und ihrer jetzt vorzufindenden Verschriftung und damit gegebenen Einbindung in den vorliegenden Erzählzusammenhang. Das zuletzt erwähnte Motiv des Brudermordes gilt es in der Traditionskritik weiter zu verfolgen, weil es wie in vielen religionsgeschichtlich nachweisbaren Konflikterzählungen in Gen 4 zusätzlich mit der Differenzierung von Berufen (Viehzüchter – Ackerbauer) verbunden ist. In diesem Zusammenhang erweist sich dann auch das Stichwort „Ackerboden" als Leitwort, das weit über die Geschichte von Gen 4 hinausgeht, weil das hebräische Wortspiel Akkerboden: *adamah* – Mensch: *adam* schon von Gen 2–3 her bestimmend ist (vgl. Gen 2,7; 3,19.23). Auf diesem grob skizzierten Hintergrund wird die historisch-kritische Exegese den Text schließlich dem Erzählzusammenhang des Buches Genesis zuordnen, der auch in Gen 2–3 zu finden ist bzw. in der Sintfluterzählung von Gen 6–9 weitergeht. Die präzise

Einordnung in den Gesamttext des Buches Genesis bzw. des Pentateuch (der 5 Bücher Mose) ist dabei abhängig von den zur Zeit heftig diskutierten Thesen zur Entstehung des Pentateuch.

Die *feministische Auslegung* (250–272) nimmt innerhalb der neueren Zugänge und Auslegungsarten der Bibel eine besondere Rolle ein, weil sie in vielen Facetten heute immer mehr angewendet wird.

Sie ist von ihrer Entstehung her auf dem Hintergrund des Feminismus und damit infolge der aus Amerika kommenden Befreiungsbewegungen zu verstehen. Zum Teil werden hier biblische Texte oder auch die gesamte Bibel als Produkt patriarchalischer Gesellschaften und ihrer Herrschaftsstrukturen gesehen bzw. abgelehnt. Zum Teil wird aber auch versucht, die biblische Botschaft von zeitabhängigen patriarchalischen Vorstellungen, besonders beim Gottesbild, zu befreien und sie so neu zu interpretieren. Schließlich wird innerhalb der feministischen Exegese auch großer Wert darauf gelegt, vergessene und verdrängte „Frauentraditionen" aus der Bibel wiederzubeleben und als kritische Relationen für heutiges Bibelverstehen und auch die Theologie insgesamt einzubringen. Bei genauer Betrachtung stellt man fest, daß die feministische Auslegung nicht auf der Basis einer eigenen Auslegungsmethode arbeitet, sondern sich verschiedener methodischer Konzepte bedient und somit präziser in den Bereich *feministischer Hermeneutik* im Sinne einer spezifischen Verstehensperspektive einzuordnen ist.

Da Gen 4,1–16 keine charakteristischen Ansatzpunkte feministischer Hermeneutik (Aussagen über Mann und Frau; Gottesbild; Wiederentdeckung biblischer Frauen...) bietet, können hier nur einige Hinweise zum Verständnis des Textes unter feministischer Perspektive geboten werden. Wichtig für diese Perspektive ist vor allen Dingen die Verbindung der Kain- und Abel-Geschichte mit der vorausgehenden, sogenannten Sündenfallgeschichte von Gen 3, in der Eva eine besondere Rolle spielt, und die durch den Einleitungsvers Gen 4,1 in die nachfolgende Geschichte hineinwirkt. Von hierher ergibt sich, daß unter feministischer Perspektive eine Geschichte wie Gen 4,1–16 aus der Perspektive von Gen 3 gelesen wird, um die darin zu findenden patriarchalen Strukturen zu kritisieren. Die besondere Rolle Evas wird im Gegenüber zu Adam des öfteren gedeutet: „Phyllis Trible hebt die überlegene Aktivität Evas im Gegenüber zu Adams Untüchtigkeit und Roheit als Beleg für eine frühe Wertsetzung der Frau in der biblischen Überlieferung hervor; Elga Sorge erkennt dagegen das maskuline Interesse, in der frühen Königszeit bei der Abfassung des jahwistischen Werks die Herrschaft des Mannes über die Frau als gottgegeben zu legitimieren. Inwieweit durch die vorliegende Textgestalt noch umrißhafte Bruchstükke matriarchaler mystischer Vorstellungen durchschimmern, nach denen Eva als göttliche ‚Mutter allen Lebens' erscheint, bleibt ungewiß; ein Indiz ist wohl die schwer verständliche Wendung in Gen 4,1: ‚Ich habe einen Mann gewonnen, mit Jahwe!'" (263f.). Sodann bekam in feministischer Auslegung auch das Hauptstichwort der Erzählung „Ackerboden" als starkes Symbol eine wichtige Rolle. Die weibliche Konnotation der „Mutter Erde", die das Hebräische anbietet, wird gerade in der vorliegenden Erzählung von Gen 4,1–16 besonders deutlich, weil dieser Ackerboden, die Erde, in Vers 11 stark personalisiert ist.

In dem Zusammenhang, der fraglos zwischen Gen 3 und Gen 4 besteht, ist schließlich nicht nur eine frauenfeindliche Fehlinterpretation von Gen 3 zurückzuweisen, die alle Schuld der Frau zuweist und sie – so wie die Wirkungsgeschichte des öfteren – zum Ursprung der Sünde macht, sondern hier will vor allen Dingen beachtet werden, daß sowohl der Begriff „Sünde" als auch die Vorstellung im engen Sinn erst hier in Gen 4 (und eben nicht in Gen 3) begegnen. „Verfolgen wir diesen Deutungsansatz, dann können wir formulieren: In Gen 4 zeigt sich, daß patriarchale Verhaltensmuster aggressiv und letztlich ‚nekrophil' (todesverliebt) sind, wie kämpferische Feministinnen immer wieder hervorheben. Der Text weist auf, daß diese Verhaltensmuster gerade nicht auf personale Autonomie hindeuten, sondern auf Fremdbestimmtheit: Nicht

Kain beherrscht (sich und) die Sünde, sondern ist ihr Spielball. Das unbeherrschte Ausleben maskuliner Gewalt führt unausweichlich in die Lebensvernichtung und ist darum Sünde. Zugespitzt: Mit dem Mann Kain kam die Sünde in die Welt" (264f.).

Die *tiefenpsychologische Auslegung* (139–168) mag wohl die bekannteste unter den neueren Auslegungsarten der Bibel sein, was nicht zuletzt mit der medienintensiven Auseinandersetzung um eben diesen Ansatz bei Eugen Drewermann zu tun hat.

Diese Auslegungsart ist im Anschluß an das tiefenpsychologische Konzept in der Nachfolge von Carl Gustav Jung entstanden. Auf dem Hintergrund der Lehre, daß sich in einem „kollektiven Unbewußten" menschliche Erfahrungen gesammelt haben, die sich in Archetypen, Symbolen, mythischen Vorstellungen, Bildern etc. ausdrücken, ist bei dieser Auslegungsart ein Weg gesucht worden, um Derartiges aus den biblischen Texten zu erschließen, und so mit Hilfe dieser Bilder und Symbole zu einem heilenden und gelingenden Leben beizutragen. Dieser Zugang zu den biblischen Texten setzt also einerseits die antike und mittelalterliche Vorstellung einer Fülle von Bedeutungen (Schriftsinnen) der biblischen Texte voraus (s.o. III. 1.) und ist andererseits als Auslegungsart funktional bestimmt, insofern nämlich die Auslegung des Textes von der Zielvorgabe – nämlich der Funktion, die der Text für den einzelnen hat, ausgeht.

Für die tiefenpsychologische Auslegung kann Gen 4,1–16 geradezu als Musterbeispiel angesehen werden, weil dieser Text mit dem Motiv der feindlichen Brüder zahllose kulturgeschichtliche und mythologische Parallelen aufzuweisen hat, was darauf hinweist, daß es sich „um einen Text handelt, der Zugang zum ‚Tiefbrunnen' des Kollektiven Unbewußten hat" (151). Die Basis der tiefenpsychologischen Auslegung besteht darin, daß die geschilderten Personen und Geschehnisse (die sogenannte Objektstufe) als intrapsychische Gegebenheiten und Prozesse (die sogenannte Subjektstufe) gedeutet werden. Auf dieser Basis kann die Geschichte im Horizont der verschiedenen tiefenpsychologischen Schulen und Richtungen gedeutet werden. So werden Kain und Abel in einem triebtheoretischen Denkmodell als Repräsentanten von kontroversen intrapsychischen Strebungen mit positiven und negativen Eigenschaften gesehen, um zu zeigen, wie ungünstige Konstellationen der Triebfaktoren zu einer mächtigen Aufstauung und maßlosen Entladung führen, während die gegenteiligen Strebungen durch Schamschranken an der Entladung möglicherweise vorhandener Aggressionen gehindert werden. Jung selbst hingegen deutet den Kain-Abel-Konflikt unter naturmythologischem Aspekt und erkennt hierin den Gegensatz von klarem Bewußtsein einerseits und Angst und dunkler Triebhaftigkeit andererseits. Wieder eine andere Richtung erkennt in den beiden Figuren „die Herausforderung an den Menschen, die ungestalteten, chaotischen Kräfte der unbewußten Psyche durch Bewußtwerdung und Stärkung des *Ich* zu zähmen und in den Prozeß der Individuation einzubeziehen" (153). Eine psychodynamische Konfliktanalyse, wie sie die amerikanische Psychologin K. Horney konzipiert hat, geht vom Motiv der „Grundangst" aus, die als Abwehrmaßnahme mit einer „Grundfeindseligkeit" korrespondiert. Auf Gen 4 übertragen ist vor allen Dingen festzuhalten, daß die beiden Hauptpersonen Kain und Abel in absoluter Beziehung zu einem sie beobachtenden (strafenden) Gott stehen, von dem sie absolut abhängig sind. Die Reaktion auf solche Ohnmacht, Angst vor Liebesentzug etc. sieht Horney im Bezeigen von Liebe und Unterwürfigkeit oder vom Durchsetzen eigener Macht und Distanzierung. Beide Aspekte finden sich in der Konfliktsituation der Geschichte ausgestaltet. Während die „Abel"-Seite Gott versucht günstig zu stimmen, sucht die „Kain"-Seite den anderen Weg durch Machtgewinn. „Dieser muß sich – da ‚Kain' es ja mit Gott zu tun hat! – immer weiter steigern, bis hin zum ‚Gottähnlichkeitsstreben', daß der Psychoanalytiker Alfred Adler als letzte Konsequenz der ausgleichenden Überkompensation von Minderwertigkeitserfahrungen konstatierte" (154).

Die *materialistische Auslegung* (227-249) oder ebenso die *sozialgeschichtliche Auslegung* sind als Auslegungsarten einzustufen, die sich besonders mit den Ursprungssituationen – im Sinne der Lebensbedingungen – der Texte beschäftigen.

Sie wendet sich den Produktionsbedingungen des Textes und den Lebensbedingungen seiner Autoren zu, um von hierher ein kritisches Potential im Blick auf die gesellschaftlichen Verhältnisse unserer Zeit entwickeln zu können. Die Palette der Auslegungsarten ist innerhalb dieser Gruppe noch einmal besonders groß, weil sie von den verschiedenen Gesellschaftstheorien abhängig ist, die zur Erklärung herangezogen werden.

Die materialistische oder sozialgeschichtliche Auslegung der Kain-Abel-Geschichte setzt zuallererst natürlich voraus, daß man über die sozialen Verhältnisse der Entstehungszeit des Textes informiert ist. Insofern gehören entsprechende Teile der historisch-kritischen Exegese unaufgebbar als Voraussetzung zu diesem Ansatz. An diesem Punkt nun taucht eine Schwierigkeit bei der Darstellung im Anschluß an die Analyse von Berg auf, die aber nur kurz benannt werden soll, ohne daß seine Aussagen entsprechend korrigiert werden müßten, weil dies für den vorliegenden Zusammenhang zweitrangig ist. Berg beruft sich auf entsprechende Arbeiten aus den 80er Jahren (besonders von F. Belo, G. Casalis, M. Clévenot), die im Kontext des Pentateuch von einem Geschichtswerk aus der frühen Königszeit – dem sogenannten ‚Jahwisten' – ausgehen und folglich die sozialen und kulturellen Verhältnisse der salomonischen Ära als Ursprungssituation zugrunde legen. Die Pentateuchforschung hat aber, teils gestützt auf archäologische und historische Forschung, in jüngster Zeit ein großes Fragezeichen hinter die These eines solchen Geschichtswerkes aus der frühen Königszeit gesetzt. Manche Forscher haben insgesamt Abstand genommen von einem solchen Geschichtswerk, andere haben eine Lösung darin gesucht, daß sie die entsprechenden Texte später datieren. Da gerade von archäologisch-historischer Seite her das davidisch-salomonische Großreich infrage gestellt wird, müßten konsequenterweise auch die Überlegungen zu den Produktionsverhältnissen der Texte neu bedacht und korrigiert werden. Wenn im folgenden trotzdem der Darstellung von Berg gefolgt wird, dann lassen sich daran auch Möglichkeiten und Grenzen eines solchen Zugangs deutlich ablesen.

Grundlegend ist die Situationsbeschreibung für die Entstehung von Gen 4, die sich in einigen Punkten zusammenfassen läßt: Entstehung des Königtums aus militärisch-politischer Notsituation; Aufkommen von Nationalismus und Imperialismus; Strukturen von Bürokratie und Verwaltung entstehen, Beginn von Kapitalwirtschaft und Klassengesellschaft. Situiert man die Kain-Abel-Geschichte auf diesem Hintergrund, dann werden sowohl herrschaftsstützende als auch herrschaftskritische Elemente sichtbar. Jedoch darf dies nicht vorschnell geschehen, weil in Rechnung zu stellen ist, „daß die Interpretation im Sinne der ‚französischen Linie', d.h. in Verbindung von Historisch-Materialistischer und strukturaler Analyse, sich eigentlich nie auf einen einzelnen Text, sondern auf größere Zusammenhänge beziehen" (239). Von hierher sind im Rahmen der materialistischen Auslegung zwei Kontexte für Gen 4 zu nennen. Zum einen der Kontext der Entstehungszeit. Hier wird unter ökonomischem Aspekt darauf zu verweisen sein, daß im Text eine „Tendenz zur Verdinglichung der Lebensverhältnisse" zu erkennen ist, die sich darin spiegelt, „daß Kain sein Verhältnis zu Jahwe nur noch vom Gelingen des dinglich-materialen Opfervorgangs her deuten kann" (240). Unter politischem Aspekt ist die Kritik an gewaltsamen Konfliktlösungen, die der Geschichte inhärent ist, zu betonen, die als subversives Element der frühen Königszeit betrachtet wird. Unter ideologischer Perspektive schließlich ist hervorzuheben, daß der Text eindeutig Gewalt als Sünde qualifiziert. Dieser Aspekt muß im Rahmen der materialistischen Auslegung über die individuelle Gewalt hinaus gesehen werden und auch auf die militärische Gewalt der Königszeit und ihre Aspekte von struktureller Gewalt übertragen werden. Auf diesem Wege wird dann auch die Vertreibung Kains vom Ackerboden als Teil der prophetischen Kritik Israels erkennbar, die als Folge der Sünde Israels den Verlust des verheißenen und geschenkten Landes verkündigt. Zum anderen ist der Text dann auch in den Kontext der heutigen Zeit hineinzustellen.

„Die Leidenschaft des praktisch-politischen Verständnisses ist eins der wichtigsten weiterführenden Elemente der Materialistischen Hermeneutik" (241). Hier kann z.B. auf den Verfall alter „Tugenden" in der Gesellschaft verwiesen werden, und mehr noch als dies können die vielfachen Formen struktureller Gewalt reflektiert werden. Schließlich kann hier auch die Sorge um die Welt in den Blick kommen: „Heute muß niemand mehr den gewaltsamen Kain-Menschen vom Ackerboden vertreiben, er besorgt es selbst, indem er das Land zur Todeszone macht, in der niemand mehr leben kann ... Diese unheilvolle Folge der Gewalt-Sünde aufzuhalten, wäre eine praktische Lesart von Gen 4,7 in Konsequenz der Materialistischen Auslegung!" (241).

Die *befreiungstheologische Auslegung* (273–300) steht der zuvor genannten Auslegungsart teilweise sehr nahe. Sie ist in Lateinamerika entstanden und leitet sich aus der Unterdrükkungserfahrung und dem Befreiungskampf der armen Landbevölkerung her. Hier wird der biblische Text ganz bewußt von der eigenen Situation her gelesen mit dem Interesse, von dieser Bibellektüre her zu einer Veränderung der Situation zu gelangen, was dadurch unterstützt wird, daß diese Art Bibelauslegung in der Gemeinschaft der Unterdrückten und Leidenden geschieht. Hier wird der biblische Text unmittelbar auf die eigene Situation angewandt, d.h. die biblische Geschichte – gerade in den vielfältigen Leidens- und Befreiungsgeschichten (z.B. Exodus) – wird als eigene Geschichte verstanden. Mit dem Begriff der „Relectura", dem Neu-Lesen, wird in Lateinamerika diese Art des Umgangs mit der Bibel, die auf eine neue Lebenspraxis abzielt, umschrieben.

Will man den befreiungstheologischen Ansatz auf Gen 4 anwenden, so sind grundsätzlich zwei Perspektiven zu bedenken. Einmal läßt sich nachzeichnen, wie der Text „vor Ort" in der konkreten Situation in Lateinamerika gelesen wird. Zum anderen läßt sich nachzeichnen, welche Bedeutung eine solche Zugangsweise zum biblischen Text aus der sogenannten „Dritten Welt" für Mitteleuropäer über die reine Information hinaus haben kann. Die erste Weise ist schwer nachzuzeichnen, da sie vor allen Dingen in dialogischen Elementen innerhalb von Bibelgruppen durch Erzählen, Besprechen, Singen, Beten, Betrachten, Tanzen, Feiern etc. gestaltet wird. Der spezifische Inhalt der daraus in bezug auf Gen 4 entstehen kann, ist vielleicht am besten noch in der Umschreibung eines Befreiungstheologen zu greifen: „Völlig beherrschend in unserem Text ist der Blickwinkel des Halbnomaden. Seine Zukunftsvision ist der Widerstand gegen die Anpassung an die Lebensbedingungen der Stadt und des Landes. Sein Ziel ist die Freiheit – die Freiheit des Indianers, wie wir sagen könnten. Und Leute wie Kain und Lamech haben nur Zukunft, wenn sie sich zu Abel bekehren, zu dem Wind, dem Nichts, dem Armen. Die Texteinheit zeichnet sich durch ihre Betonung der Theologie aus. Der Jahweglauben wird uns vorgestellt als die Religion der Schwachen und all derer, die im Kampf um die Freiheit unter die Räder gekommen sind“ (M. Schwantes, *Am Anfang war die Hoffnung*, München 1992, 81).

Auf der anderen Seite wird der befreiungstheologische Ansatz dort relevant, wo dieser Zugang als Lernprozeß für die sogenannte „Erste Welt“ betrachtet wird. Dabei wird im Gespräch zur Kain- und Abel-Geschichte die Frage zu stellen sein, inwiefern Europäer in der Kain-Rolle gegenüber der Dritten Welt sind und welche Bedeutung für sie dann die Frage des Textes: „Bin ich der Hüter meines Bruders?“ hat. Wiederum wird auch hier die Frage von Gewalt und Zerstörung von Lebensräumen thematisiert werden können.

Die *wirkungsgeschichtliche Auslegung* (331–365) hat in jüngerer Zeit immer mehr an Bedeutung gewonnen. Diese Art der Auslegung, die ganz reflektiert an die literaturwissenschaftlichen Konzeptionen der Rezeptionsästhetik anschließt, versucht durch eine intensive Aufarbeitung der Wirkungsgeschichte der Texte (gelegentlich nicht nur im Bereich von Bibelwissenschaft und Theologie, sondern auch von Kunst, Literatur, Musik etc.) das große Sinnpotential, das in den biblischen Texten enthalten ist, freizusetzen. Dies geschieht zumeist in kritischer Relation zum (historisch-kritisch erhobenen) Textsinn, um deutlich zu machen, wie und wozu bestimmte biblische Texte im Laufe der Geschichte gebraucht und auch mißbraucht wurden. Die wirkungsgeschichtliche Auslegung macht oft auch deutlich, in welchem Horizont biblische Texte – eng oder weit – gelesen wurden.

Auslegungen, die wirkungsgeschichtlich orientiert sind, lassen sich von der Sache her nicht auf den einen oder anderen Aspekt reduzieren. So läßt sich bei bestimmten Rezeptionsbereichen, wie z.B. Kunst, Musik, Dichtung, Film etc. einsetzen oder aber auch bei bestimmten Themen, wie Rivalität, Familie, Gewalt, Sünde etc. Rezeptionen lassen sich aber auch funktional analysieren, wie es z.B. auch Berg bei seiner Darstellung tut, wenn er Auslegungen der Kain Abel-Geschichte aus verschiedenen Zeiten unter religionspädagogischem Gesichtspunkt behandelt. So läßt sich aus moralisierenden oder auch psychologischen und pädagogischen Anwendungen der Geschichte erkennen, welche Zielsetzungen, Ideale und Probleme die jeweilige Zeit mit der Geschichte verbunden hat. In vielen Variationen begegnet die Kain-Abel-Erzählung als Grundmuster für den Konflikt zwischen Gut und Böse, wobei es je nach Kontext mehr um religiöse und theologische Fragen geht, was schon die Rezeption der Geschichte im Neuen Testament zeigt (vgl. Mt 23,25; Lk 11,51; Hebr 11; 1 Joh 3,12) oder um allgemeinere menschliche Probleme, wie z.B. in den modernen Aufnahmen in Lyrik und Prosa (z.B. Hilde Domin, William Blake, Hermann Hesse, John Steinbeck, Rainer-Maria Rilke etc.). In den vielen Nuancen, die eine wirkungsgeschichtliche Auslegung herauszuarbeiten vermag, spiegelt sich die Fülle der Themen und Motive, die in die biblische Geschichte eingeflossen sind, wider.

Die *intertextuelle Auslegung* (304–330), die versucht, Texte aus ihrer Verbindung zu anderen Texten zu verstehen, steht dem zuvor genannten Ansatz der wirkungsgeschichtlichen Auslegung gerade im Bereich der biblischen Literatur sehr nahe. Sie begegnet auch nicht so oft in isolierter Reinform, sondern häufiger wird ihr Anliegen in Verbindung mit anderen Ansätzen verwirklicht, so ist sie ein wichtiger Bestandteil der kanonischen Bibelauslegung (s.u.) und ebenso der jüdischen Exegese.

Die intertextuelle Auslegung geht davon aus, daß es ein Zusammenspiel von Texten gerade innerhalb der Bibel als gewachsener Traditionsliteratur (Kanon) gibt. Aus der Betrachtung und Analyse der Wirkungsgeschichte biblischer Texte läßt sich sehr oft schon erheben, daß verschiedene Bibelstellen im Laufe der Geschichte zusammen gesehen wurden und daß es für diese Zusammenschau oft auch kleinere oder größere Hinweise in den Texten selbst gegeben hat, wobei wie bei der Entstehung dieser Texte auch bei ihrer entsprechenden Auslegung die Nähe oder Ferne, die zwischen diesen Texten besteht, oft schwer zu präzisieren ist.

Auch bei einer intertextuellen Lektüre der Kain-Abel-Geschichte kann der Bezug für das Zusammenspiel der Texte eng und weit sein. Als eng kann der Bezug betrachtet werden, wenn gleichlautende Formulierungen (Zitate, Rückverweise u.ä.) oder Namen und Sachen direkt begegnen. Hier ist z.B. das wörtliche Zitat im Kontext der Sündenproblematik in Gen 3,16 – Gen 4,7 zu nennen oder auch die Ortsangabe in Gen 3,24 – Gen 4,16. Faßt man Kain als Stammvater der Keniter auf, so läßt sich die Geschichte von Gen 4 im Horizont der übrigen Kenitererwähnungen der Bibel deuten (vgl. Gen 4,22; Num 24,21; Rich 1,16; 1 Sam 27,10). Als weit kann der zwischen den Texten bestehende Bezug gelten, wenn Themen oder Motive betrachtet werden. Ein Beispiel hierfür ist das Geschwistermotiv. „Mit der Erzählung vom Brudermord beginnt eine lange Reihe biblischer Geschichten von den ungleichen Geschwistern: Der jüngere Isaak wird Ismael vorgezogen (Gen 21) – Jakob bekommt den Vorzug vor dem älteren Esau (Gen 27) – Rahel übertrumpft ihre Schwester Lea (Gen 29) ... Schließlich führt das Motiv ins Neue Testament, vor allem natürlich zu der Geschichte vom verlorenen Sohn (Lk 15,11–32), die manche mit Recht die Geschichte von den beiden verloren Söhnen nennen, weil der ältere am Ende mehr verspielt haben könnte als der jüngere: die Liebe. Damit ist das entscheidende Stichwort erkannt, das diese Erzählung trotz aller Unterschiede in der Konstellation und in der Handlung verbindet: Immer geht es um die Liebe, um die Nähe zu einer Person, die man liebt, und darum, daß diese Liebe anders zum Zug kommt, als man es nach dem ‚natürlichen' Lauf der Dinge erwarten darf. In Gen 4 und Lk 15 vertieft sich der Konflikt dadurch, daß Gott im Spiel ist" (321).

Als *linguistische Auslegung* (119–138) kann man eine ganze Reihe von Auslegungs- und Zugangsweisen bezeichnen, denen gemeinsam ist, daß sie sich auf bestimmte Aspekte der literarischen Analyse stützen, wie z. B. die rhetorische, narrative und semiotische. Das Gemeinsame dieser Auslegungsarten, die hier zusammen betrachtet werden, ist, daß sie von den inneren Besonderheiten der Texte her dem Leser neue Möglichkeiten (Erfahrungen mit dem Text) eröffnen wollen. Diese Arten haben beachtliche Ergebnisse zu einzelnen Bibeltexten zutage gefördert, haben sich in den meisten Fällen aber selbst nicht als umfassende Auslegungsarten verstanden, sondern als Teilaspekte in einem größeren methodischen Konzept, das dem Verstehen von Texten dienen soll.

Aus der großen Palette unterschiedlicher Analysen des vorliegenden Ansatzes sollen einige in bezug auf Gen 4 exemplarisch in ihren Ergebnissen beleuchtet werden. „Im Blick auf die *Erzählperspektiven* zeigte sich, daß der Erzähler gerade die wechselnde Raum-Charakteristik benutzt, um das Geschehen dramatisch zu schildern: Er führt den Hörer/Leser ins Zentrum der Ereignisse. Bei der Zeit-Charakteristik fiel auf, daß der Zeitpunkt des Mordes einen qualitativen Bruch markiert: Vom Leben zum Tod – von der Geborgenheit zur Unbehaustheit – von der Einbindung in die Gemeinschaft mit Mensch und Gott zur Beziehungslosigkeit – von der Harmonie mit der Natur zur tiefgreifenden Störung des Verhältnisses. – Diese Beobachtungen führen schon in die Werte-Charakteristik: Kain erkennt, daß er in dem Augenblick, wo er sich der Sünde der tötenden Gewalt preisgab, alles verliert, was seinem Leben Sicherheit und Sinn gab. (...) Die Analyse der *Akteure* anhand des *Aktantenmodells* machte das Geflecht der Beziehungen sichtbar; einige auffallende Beobachtungen: Die Eltern treten ganz zurück; sie haben nur die Funktion, die Protagonisten ins Spiel zu bringen; dabei führt

Adam nahezu ein Schattendasein – Eva bringt in dieser Geschichte das Leben hervor. Über die Beziehungen innerhalb der Familie erfahren wir nichts – auch nicht über das Verhältnis der Brüder, abgesehen von der sich mörderisch zuspitzenden Eifersucht beim Opfer ... eine Einladung, sich in dies Beziehungsgeflecht hineinzudenken" (131).

Die *kanonische Schriftauslegung* beginnt in der neueren Exegese eine immer größere Rolle zu spielen, weil sie versucht, die Defizite, die durch eine ausschließliche Orientierung am Ursprungssinn (s.o. III. 2.) entstanden sind, durch ein Ernstnehmen der jetzt vorliegenden Endgestalt der biblischen Texte auszugleichen. Gerade dann, wenn man die Bedeutung der einzelnen neueren Auslegungsarten berücksichtigt, muß die kanonische Schriftauslegung angemessen gewürdigt werden. Da sie aber ihr spezifisches Eigengewicht dadurch bekommt, daß sie den Einzeltext der Bibel bewußt im Blick auf das Gesamtbuch, den biblischen Kanon, überschreitet, soll ihr ein eigener Absatz gewidmet werden (s.u. 4.), weil sie die Besonderheit der Bibel als „Buch aus Büchern" in der Auslegung zu berücksichtigen versucht.

Eine kanonische Auslegung der Kain-Abel-Geschichte aus Gen 4 müßte zuerst einmal kontextuell und intertextuell ansetzen, d.h. die Erzählung im Zusammenhang der biblischen Urgeschichte lesen, um dann wiederum deren Funktion innerhalb der Gesamtkomposition des Pentateuch aufzunehmen. In dieser Perspektive wird deutlich, daß die Erzählung von Gen 4 mit der üblicherweise als „Sündenfall" charakterisierten Geschichte von Gen 3 eine geschehensmäßige Einheit bildet, und eigentlich erst beide Geschichten zusammen den Gedanken der Sünde entfalten. Dieser Gedanke spielt dann eine weitere Rolle innerhalb der Konzeption der Urgeschichte über die Sintfluterzählung bis zur Geschichte vom „Turmbau zu Babel". Der Zusammenhang von menschlicher Freiheit – Verfehlung – Strafe durchzieht schließlich auch große Teile des Pentateuch, so daß Gen 4 in kanonischer Perspektive als *Weichenstellung* betrachtet werden kann. Eine kanonische Auslegung muß aber anzeigen im Horizont welchen Kanons sie sich bewegt, was vor allen Dingen in der Divergenz zwischen Jüdischer Bibel und Christlicher Bibel aus Altem und Neuem Testament eine Rolle spielt. Im zuletzt genannten Horizont muß dann die gesamtbiblische Perspektive eingeholt werden, die für Gen 4 in einem großen Bezugssystem besteht, das beispielsweise sowohl die Adam-Christus-Typologie von Röm 5 betrifft, als auch die „Wolke der Glaubenszeugen" aus Hebr 11.

Ende des Exkurses

Die Vielfalt heutiger Bibelauslegungen stellt aber auch vor die Frage, ob es Entscheidungen für oder gegen die ein oder andere Auslegung geben muß. Dies geht in der Praxis noch über die allgemeine literaturwissenschaftliche Frage, ob es richtige oder falsche Auslegungen geben kann (s.o. II. 4.), hinaus, indem es mit der Frage zu tun hat, ob alle Formen der Bibelauslegung in allen Kontexten gleichwertig sind. Anders gefragt: Braucht beispielsweise eine Glaubensgemeinschaft nicht auch eine verbindliche Auslegung der von ihr als verbindlich anerkannten Urkunde des Glaubens, der Bibel? Bevor man hier ein Urteil fällen kann, muß man zugestehen, daß es fraglos innerhalb und außerhalb der Glaubensgemeinschaften das persönliche Bibellesen und -verstehen gibt, aber sobald sich dieses subjektive Verständnis im Horizont einer Gemeinschaft artikuliert, bedarf es der einfachen Grundlagen der Kommunikationsfähigkeit, d.h. wie sonstige wissenschaftliche Vorgehen muß auch der Umgang mit der Bibel kommunikations- und diskussionsfähig – also intersubjektiv – sein. Die Schnittstelle zwischen persönlichem Bibellesen und der Verständigung über Bibeltexte in einer Gemeinschaft berührt das große Feld der verschiedenen Formen der Bibelarbeit, das in den letzten Jahrzehnten ebenso wie die Zahl der Auslegungs- und Zugangsarten mächtig angewachsen ist. Aus dieser Vielfalt (*vgl.* Emeis, *Bibelarbeit,* bes. 105 ff.), die teils in Abhängigkeit von den verschiedenen neuen Auslegungsarten entstanden ist, mag die Kurzcharakteristik zweier heute oft angewendeter Methoden der Bibelarbeit zur Verdeutlichung dieses Aspektes reichen:

„Bibliodrama ist als eine spezielle Form des Psychodramas eine Methode ganzheitlichen Erlebens und Erfahrens der Bibel, so etwas wie eine Exegese im Vollzug. Im spielerischen In-Szene-Setzen biblischer Vorgaben werden die Möglichkeiten der biblischen Erzählungen ausgelotet und zugleich eigene Handlungsmuster beleuchtet, korrigiert und erweitert. Den biblischen Texten wird eine therapeutische, eine befreiende Kraft zugetraut. Im gemeinsamen Spiel kann sich diese Dynamik entfalten; es eröffnet jenseits des rationalen Zugangs Wege der Wahrnehmung des biblischen Textes.

Das Bibel-Teilen oder die Sieben-Schritte-Methode ist eine Form der gemeinsamen Beschäftigung mit der Bibel, die in Südafrika entwickelt wurde, um der wiederentdeckten Bedeutung der Laien in der Kirche ein spirituelles Fundament zu geben. Sie stößt inzwischen auch in Europa auf großes Interesse. Das Bibel-Teilen sucht einen Zugang zum Wort der Schrift nicht über Erklärung und Diskussion, sondern über das Hören und meditative Aufnehmen des Schriftwortes und den Austausch über Erfahrungen mit dem Wort. Die Methode erinnert an die in der Mönchstradition beheimatete Form der geistlichen Schriftlesung mit den Schritten ‚lesen – meditieren – betend antworten', übertragen auf den Kontext einer kleinen Gemeinschaft" (Steins, *Bibel*, 147f.).

Unter strengem sachlichen Gesichtspunkt gehört die Bibelarbeit aber in den Bereich der praktischen Anwendung, also der Applikation des Verstehens, weshalb sie im vorliegenden Kontext, wo es um das Verstehen selbst geht, zurückgestellt wird.

Sowohl innerhalb einer Glaubensgemeinschaft – wo die Auslegung der Bibel als Grundlage des je eigenen Glaubens dient und somit an gemeinschaftlichen Glaubensvollzügen teilhat –, als auch im wissenschaftlichen Bereich – wo die Auslegung von Texten nachprüfbar sein muß und dem wissenschaftlichen Diskurs standzuhalten hat –, gilt es, die verschiedenen Auslegungsformen nicht nur willkürlich nach Vorlieben und persönlichen Einstellungen auszuwählen, sondern sie begründet einzusetzen.

Wie man die Vielfalt der heutigen Auslegungsarten systematisieren kann, zeigen die verschiedenen Versuche von *integrativer Auslegung*, d.h. einem Auslegungskonzept, das verschiedene Aspekte und Ansätze miteinander zu verbinden sucht. Unter den integrativen Ansätzen versucht die eine Seite, ausgehend von der Frage der Angemessenheit der Methode in bezug auf ihren Gegenstand, den Text, die verschiedenen Perspektiven und Methodenschritte aufeinander zu beziehen. Insofern hier die Leistung der Einzelaspekte von dem her bewertet wird, was sie zum *Textverständnis* beitragen, kann man diese Art der Integration auch als Fortsetzung und Erweiterung der historisch-kritischen Methode auffassen. Demgegenüber setzt die andere Seite der Integrationsversuche bei den Erfahrungen der Leser bzw. dem in verschiedenen Methoden und Zugangsweisen zu beobachtenden Erfahrungsverlust ein. Hier werden die verschiedenen Aspekte und Zugangsweisen danach beurteilt, wie es ihnen gelingt, die in den Texten festgehaltenen ursprünglichen Erfahrungen heutigen Rezipienten wieder zu erschließen. Der Schwerpunkt der Integration liegt hier also nicht auf dem Text, sondern auf den Lesern und ihren Möglichkeiten, mit den Texten selbst Erfahrungen zu machen.

Diese grob skizzierten Integrationsversuche zeigen in ihrer so unterschiedlichen Ausrichtung, daß es zwei völlig verschiedene Orientierungen für alle Formen der Auslegung gibt: eine *textorientierte* und eine *leserorientierte* Form. Die Unterscheidung dieser beiden Aspekte ist vor allen Dingen im Blick auf die Möglichkeiten und Grenzen heutiger Bibelauslegung wichtig (s. u. IV.). Bei der Vielfalt heutiger methodischer Zugänge ist aber auch zu beachten, daß nicht alle Ansätze mit den gleichen Ansprüchen auftreten (können). Eine Reihe von neueren Auslegungsarten setzt bewußt bei einzelnen Texten oder Textgruppen ein, die von ihrem je eigenen Interesse her ausgewählt sind, so daß unmittelbar einsichtig ist, daß bestimmte Texte der Bibel bestimmten neuen Auslegungsarten näher oder auch ferner liegen können. So sind Auslegungsarten, die in verschiedenster Weise verortet sind (gruppenspezifisch, kulturell, geistesgeschichtlich oder psychologisch etc.), auch nur dann sinnvoll einzusetzen, wenn sie auf Texte angewendet werden, die zumindest ein Element der jeweiligen Verortung enthalten. Es ist deshalb wohl kaum eine Frage, daß beispielsweise tiefenpsychologische, feministische, existentiale oder ähnliche Auslegungsarten selten ein tieferes Verständnis von Gesetzestexten, historischen Berichten, Genealogien, Ortsbeschreibungen o.ä. eröffnen. Unter diesem Blickwinkel ist auch die Vielfalt der neueren Auslegungsarten verständlich, denn die biblische Überlieferung enthält wenig systematisch-theologische Entfaltung, so daß aktuelle Fragestellungen und Bedürfnisse auf ganz verschiedene Texte aus der Fülle und Vielfalt, die in der Bibel enthalten ist, verwiesen werden. Es ist also die Bibel selbst, die durch ihre Vielfalt an Texten unterschiedlichster Gattungen aus den verschiedensten Zeiten mit nicht auf einen Nenner zu bringenden inhaltlichen Aussagen den Pluralismus der Auslegungsarten provoziert. Diese wiederum lassen sich unter einem formalen Gesichtspunkt nur insofern unterscheiden, als es Auslegungsarten gibt, die von ihrem Ansatz her nicht auf bestimmte Texte begrenzt sind, sondern auf alle Texte und Textsorten angewendet werden können, wie dies beispielsweise bei der historisch-kritischen Methode der Fall ist – aber nicht nur bei ihr – und die ja auch nicht nur auf biblische Texte begrenzt ist. Demgegenüber gibt es, wie erwähnt, Auslegungsarten, die von Anlage und Ausrichtung her auf bestimmte Textsorten mit spezifischen literarischen Formen und Gattungen beschränkt sind. Um Mißverständnisse und unnötige Konfrontationen zu vermeiden, sollte man vielleicht den Begriff der *Methode* für jene Auslegungsarten reservieren, die keine vorherige Auswahl von Texten vornehmen, sondern mit ihrem Instrumentarium jeden Text aufzubereiten in der Lage sind. Die anderen hingegen haben ihre Berechtigung als *Zugangsweisen* oder *Lesweisen* in bezug auf ausgesuchte Texte.

Daß der Pluralismus der Auslegungsarten heute das Bild der Bibelauslegung entscheidend prägt und bestimmt, zeigt sich nicht zuletzt darin, daß von den beiden großen Kirchen in der

Bundesrepublik in den letzten Jahren umfangreiche Papiere und Stellungnahmen zu dieser Thematik vorgelegt worden sind. Auf evangelischer Seite hat 1992 die Arnoldshainer Konferenz – ein Zusammenschluß von 16 Kirchenleitungen aus den Gliedkirchen der evangelischen Kirche in Deutschland – ein Votum ihres theologischen Ausschusses unter dem Titel „*Das Buch Gottes. 11 Zugänge zur Bibel*" vorgelegt. Schon 1988 hatte die Vollversammlung dieser Konferenz ihren theologischen Ausschuß mit der Thematik „Die eine Bibel und die vielen Methoden, sie zu lesen" beschäftigt, um sowohl den Kirchenmitgliedern Orientierung zu geben, als auch zu klären, wie die Kirche selbst von ihren Kirchenleitungen her sich zu diesem Phänomen der immer neuen Auslegungsarten stellt. Die 11 Zugänge, die in dem Dokument mit kritischer Würdigung vorgestellt werden, bewegen sich aber nicht nur im Bereich der *neuen Alternativen*, sondern auch im Bereich ganz traditioneller Formen, die häufig allerdings nicht mehr wahrgenommen wurden als Auslegungsarten der Bibel, wie z.B. die Bibelauslegung durch Musik oder bildende Kunst oder auch der Bibelgebrauch in ökumenischen Dokumenten.

Vergleichbare Gedanken, wenn auch auf anderen Wegen, werden auf katholischer Seite von dem Dokument der Päpstlichen Bibelkommission „Die Interpretation der Bibel in der Kirche" (1993) entfaltet. Dieses Dokument stellt sich auch der Auseinandersetzung mit den vielen neuen Auslegungsarten der Bibel. Dabei charakterisiert es die wichtigsten neueren Ansätze kurz, weist deren Leistungen und eventuell auch Grenzen kurz auf, um sich dann aber insgesamt weitergehenden Fragen der biblischen Hermeneutik zu stellen und die verschiedenen *Orte der Auslegung*, d.h. sowohl das Verhältnis von Bibel und Bibelwissenschaft zu anderen theologischen Disziplinen betreffend als auch die Funktion der Bibel und ihrer Auslegung in der Kirche berücksichtigend, zu beleuchten. Daß hier wie auch in dem erwähnten evangelischen Dokument die Vielfalt der Auslegung als Bereicherung positiv gewertet wird, ist erwähnenswert.

Ein Aspekt des katholischen Dokuments ist jedoch noch eigens zu betonen. Dieses Dokument von 1993 steht in der Reihe der großen katholischen Bibelenzykliken, denn genau 100 bzw. 50 Jahre zuvor hatte es schon päpstliche Verlautbarungen zu biblischen Fragen gegeben. 1893 hatte Papst Leo XIII. sich in seiner Enzyklika „Providentissimus Deus" für eine Verstärkung der biblischen Studien in der katholischen Kirche eingesetzt, um vor allen Dingen der Auseinandersetzung mit den naturwissenschaftlichen Erkenntnissen durch fundierte Bibelauslegung begegnen zu können. 50 Jahre später hatte sich die Auseinandersetzung sozusagen ins Innere der Kirche verlagert, nämlich in die Fragen der Anerkennung und Anwendung historisch-kritischer Exegese; in dieser Frage trat die Enzyklika Pius XII. „Divino afflante Spiritu" klar und deutlich für die historisch-kritische Exegese ein. Das jüngste Dokument von 1993 schließlich enthält neben der breiten positiven Würdigung der neuen Auslegungsarten aber auch eine kritische Auseinandersetzung mit dem „fundamentalistischen Umgang mit der Heiligen Schrift". Dieser Umgang, der davon ausgeht, „daß die Heilige Schrift – das inspirierte Wort Gottes und frei von jeglichem Irrtum – wortwörtlich gilt und bis in alle Einzelheiten wortwörtlich interpretiert werden muß", wird als einziger scharf kritisiert und als „Form der Selbstaufgabe des Denkens" (Zitate im Abschnitt F des 1. Kapitels) verurteilt und abgelehnt. Die große Bedeutung, die man den damit verbundenen Fragen beimißt, zeigt sich auch in der beachtenswerten Rede, die Papst Johannes Paul II. am 23. 4. 1993 bei der Feierstunde der beiden oben genannten Enzykliken und zur Vorstellung des neuen Dokumentes gehalten hat und die als Einführung den Textausgaben dieses Dokumentes beigegeben worden ist. Die Notwendigkeit wissenschaftlicher Bibelauslegung begründet er dort damit, daß nicht in fundamentalistischer Art die menschliche Verfasserschaft der Heiligen Schriften zurückgedrängt oder geleugnet werden darf. Er lehnt deshalb ausdrücklich die Positionen ab, die glauben, „bei Gott als absolutem Wesen müsse auch jedes seiner Worte absolute Geltung haben, unabhängig von allen Einflüssen der menschlichen Sprache“. Dagegen setzt er: „Der Gott der Bibel ist nicht ein absolutes Wesen, das alles, womit es in Berührung kommt, zermalmt, um alle Unterschiede und Nuancen zu unterdrücken. Er ist im Gegenteil der Schöpfergott, der die erstaunliche Vielfalt der Wesen ‚ein jedes nach seiner Art‘ geschaffen hat, wie es der Bericht der Genesis wiederholt sagt (vgl. Gen 1). Weit davon entfernt, die Unterschiede zu beseitigen, achtet und schätzt Gott sie (vgl. 1 Kor 12,18.24.28). Wenn er sich in einer menschlichen Sprache ausdrückt, gibt er keineswegs einem jeden Ausdruck eine einheitliche Bedeutung, er verwendet vielmehr auch mit äußerster Geschmeidigkeit die möglichen Nuancen und nimmt auch deren Begrenzung in Kauf. Das macht die Aufgabe der Exegeten so komplex, so notwendig und so erregend! Kein einziger menschlicher Aspekt der Sprache darf vernachlässigt werden“ (II. 8.).

Da zumindest der erste und größte Teil der christlichen Bibel, das sogenannte Alte Testament, mit der Jüdischen Bibel im wesentlichen übereinstimmt, stellt sich natürlich die Frage, ob auch das heutige Judentum vergleichbare Auseinandersetzungen mit neueren Auslegungsarten kennt. In vergleichbarer Form wie in den genannten christlichen Dokumenten findet sich dies im Judentum nicht; gleichwohl muß man sehen, daß es immer schon eine Vielfalt der Auslegungsarten im Judentum gab und gibt, in der sich die Vielfalt der religiösen Gruppierungen des Judentums widerspiegelt. Hinzu kommt aber auch, daß die Bibel für das Judentum mehr ist als ein religiöses oder theologisches Buch. Die Bibel ist im Judentum als Buch des Volkes Israel Grundlage für zahlreiche und vielfältige Lebens- und Wissenschaftsbereiche, so neben der Theologie im engen Sinne auch für das Recht, die Geschichte, die Philosophie etc. Aufgrund dessen ergibt sich eine Vielfalt von Auslegungsarten allein schon durch die unterschiedlichen Anwendungsgebiete, ohne daß es zu einer Engführung im Sinne einer einzigen Auslegungsart für den Bibeltext kommen müßte und könnte.

4. Die vielen Texte des einen Buches

Unter den vielen neuen Auslegungsarten ist eine herauszunehmen und eigens zu behandeln, weil sie einerseits nicht mit dem Anspruch auftritt, etwas völlig Neues vorzustellen, sondern eher das Elementare – die Bibel als Bibel – für die Auslegung wieder zu entdecken sucht, und sie andererseits innerhalb der Fachexegese zunehmend an Raum und Bedeutung gewinnt. Dies ist nicht zuletzt daran zu erkennen, daß kaum eine bibelwissenschaftliche Fachzeitschrift in den letzten Jahren ohne ein Themenheft oder zumindest einen Themenschwerpunkt in diesem Bereich erschienen ist. Das, worum es hier geht, wird im Deutschen mit etwas schwerfälligen Begriffen wie „kanonische Schriftauslegung" oder „kanonische bzw. Kanon-Kritik" oder „kanonischer Zugang" belegt. Die Eigentümlichkeit dieser Begrifflichkeit erklärt sich daraus, daß hier wenig glückliche Übersetzungen amerikanischer Ausdrücke vorliegen, denn der gesamte Ansatz, um den es hier geht, ist in den letzten Jahrzehnten in der nordamerikanischen Exegese entstanden und ist von dort, wo er zu einem der wichtigsten Themen der Bibelwissenschaft avancierte, in weite Bereiche internationaler bibelwissenschaftlicher Forschung hineingetragen worden. Das Grundanliegen dieser Auslegungsart ist, den biblischen Kanon als Textgrundlage ernst zu nehmen und ihn als Hintergrund für die Auslegung von einzelnen Texten innerhalb der Bibel zu wählen. Dahinter ist ein deutlicher theologischer Impetus zu verspüren, der versucht, die Funktion der biblischen Literatur für die Glaubensgemeinschaft von ihrem Ursprung her aufzunehmen. B. S. Childs, einer der Hauptvertreter dieser Richtung, erläutert diesen Ansatz, der sich mit der Endgestalt der biblischen Texte unter dem Stichwort „kanonisch" beschäftigt, wie folgt: „In meiner Beschreibung dieses Prozesses habe ich den Begriff ‚kanonisch' als Chiffre benutzt, um die verschiedenen und unterschiedlichen Faktoren zu umfassen, die bei der Gestaltung der Literatur beteiligt waren. Dieser Begriff war für die Bezeichnung der Aufnahme und Anerkennung verschiedener religiöser Traditionen als autoritativer Schriften innerhalb einer Glaubensgemeinschaft hilfreich. Der Begriff schloß auch den Prozeß ein, durch den die Sammlung entstand, und der sie bis zu ihrem letzten Stadium der literarischen und textlichen Stabilität führte, was dann Kanonisierung im eigentlichen Sinne bedeutet. Ein Schwerpunkt wurde auf den kanonischen Prozeß gelegt, um zu zeigen, daß das Konzept des Kanons keine späte kirchliche Verordnung war, die dem Material grundlegend fremd war, sondern daß das Kanonbewußtsein tief in der Formierung der Literatur liegt. Der Begriff dient ferner auch dazu, die Aufmerksamkeit auf jene theologischen Kräfte zu lenken, die in der Komposition der Literatur am Werk sind. Dies ist bedeutsamer, als danach zu sehen, inwieweit der Prozeß von allgemeinen Gesetzen der Folklore, von sozio-politischen Faktoren oder von Schreiberkonventionen kontrolliert wurde" (Childs, *Theologie,* 93f.). Hatte die historisch-kritische Wissenschaft entdeckt, daß biblische Texte durch Fortschreibungen gewachsen sind, und hat sie die späten Textstufen oft als epigonenhaft abgetan oder für weniger wichtig erklärt (z.B. bei den späten Heilsperspektiven zu früheren Gerichtsprophetien im Alten Testament oder der Gemeindetheologie gegenüber jesuanischen Worten im Neuen), so versucht die *kanonische Schriftauslegung* den Gesamtprozeß von seinem vorliegenden Endpunkt her als Niederschlag der Geschichte einer Glaubensgemeinschaft zu betrachten. Dies kommt nicht nur zum Tragen in der Bewußtmachung unterschiedlicher Kanones für verschiedene Glaubensgemeinschaften (s.o. I. 2.), sondern für das Christentum vor allen Dingen auch darin, daß bei diesem Zugang die Texte des Neuen Testamentes nicht anders als im Horizont einer gesamtbiblischen Perspektive, nämlich vom Alten Testament her, gedeutet werden können. Diese Auslegungsart, die sich am Kanon der Bibel orientiert, versucht also auch die Anlage und Struktur der Bibel ernstzunehmen, weil dies, wie sich erwiesen hat, ein Zeugnis der Glaubensgemeinschaft ist. Darüber hinaus versucht dieser Ansatz aber das wiederzubeleben und für die Auslegung fruchtbar zu machen, was von der Entstehung der biblischen Texte her angelegt ist, denn diese sind als Traditionsliteratur entstanden und können von ihrer Entstehung her deshalb nicht anders als dialogisch erklärt werden, d.h. spätere Texte entstehen dadurch, daß sie auf frühere Bezug nehmen, deren Gedanken fortführen, kritisieren, revidieren etc. Dies wird im Ansatz der kanonischen Schriftauslegung dadurch eingeholt, daß die vielfältigen intertextuellen Bezüge, die innerhalb der Bibel zu finden sind, aufgenommen und ausgedeutet werden. Auf dieses Phänomen hat auch schon nachdrücklich der große jüdische Übersetzer der Hebräischen Bibel Martin Buber in der Beilage zu seiner deutschen Übersetzung aufmerksam gemacht: „Die hebräische Bibel will als Ein Buch gelesen werden, so daß keiner ihrer Teile in sich beschlossen bleibt, vielmehr jeder auf jeden zu offengehalten wird; sie will ihrem Leser als Ein Buch in solcher Intensität gegenwärtig werden, daß er beim Lesen oder Rezitieren einer gewichtigen Stelle die auf sie beziehbaren, insbesondere die ihr sprachidentischen, sprachnahen oder sprachverwandten erinnert und sie alle einander erleuchten und erläutern, sich miteinander zu einer Sinneinheit, zu einem nicht ausdrücklich gelehrten, sondern dem Wort immanenten, aus seinen Bezügen und Entsprechungen hervortauchenden Theologumenon (= theol. Aussage, die sich aus den Zusammenhängen der Offenbarung zu erkennen gibt. Anm. des Autors) zusammenschließen. Das ist nicht eine von der Auslegung nachträglich geübte Verknüpfung, sondern unter dem Wirken dieses Prinzips ist eben der Kanon entstanden, und man darf mit Fug vermuten, daß es für die Auswahl des Aufgenommenen, für die Wahl zwischen verschiedenen Fassungen mitbestimmend gewesen ist. Aber unverkennbar waltet es schon in der Komposition der einzelnen Teile: Die Wiederholung lautgleicher oder lautähnlicher, wurzelgleicher oder wurzelähnlicher Wörter und Wortgefüge tritt innerhalb eines Abschnitts, innerhalb eines Buches, innerhalb eines Bücherverbands mit einer stillen, aber den hörbereiten Leser überwältigenden Kraft auf. Man betrachte von dieser Einsicht aus die sprachlichen Bezüge etwa zwischen Propheten und Pentateuch, zwischen Psalmen und Propheten, und man wird immer neu die gewaltige Synoptik der Bibel erkennen“ (Buber, *Zur Verdeutschung des letzten Bandes der Schrift,* Heidelberg 1962, 3).

Von hierher ist auch ersichtlich, daß einer der häufigsten Kritikpunkte an diesem Ansatz der kanonischen Schriftauslegung, er sei ahistorisch oder gar fundamentalistisch, weil er bei der vorliegenden Endform des Bibeltextes einsetze, völlig fehlgeht. Der Ansatz kanonischer Schriftauslegung ist der Versuch, die literarhistorischen Besonderheiten der biblischen Literatur mit ihren theologiegeschichtlichen in Verbindung zu bringen.

IV. Programmatik der Bibelauslegung

Die im vorausgehenden Kapitel skizzierte Vielfalt der Bibelauslegungen wirft die Frage auf, ob es nicht konstante Faktoren bei der Bibelauslegung gibt, sozusagen bleibende Fixpunkte, die bei aller Variation der verschiedenen Ansätze gleich bleiben, oder Bedingungen, die von jeder neuen Form der Bibelauslegung erfüllt werden müssen. Diese Frage tangiert die Zielsetzung aller Bibelauslegung: Was beabsichtigt Bibelauslegung und wie sind die Ziele zu erreichen? Die Antwort scheint einfach im Anschluß an das, was im 2. Kapitel allgemein zur Auslegung gesagt wurde. Wenn das Verstehen der Bibel das Ziel ist, muß man doch nur nach einem geeigneten Weg suchen, der zu diesem Ziel führt. Wissenschaftstheoretisch geht es hier um das Problem der Korrelation zwischen Methode und Untersuchungsgegenstand. Nur wenn man eine Methode anwendet, die dem Untersuchungsgegenstand entspricht, kann man das gesteckte Ziel erreichen. Der Gegenstand der Bibelauslegung scheint offen dazuliegen: das Alte und/oder Neue Testament. Und insofern es sich dabei um Schriften bzw. Bücher, also Literatur handelt, scheint die Definition, die beispielsweise Wolfgang Richter Anfang der 70er Jahre in seinem Entwurf einer alttestamentlichen Literaturtheorie und Methodologie vorgelegt hat, konsequent: „Der Gegenstand dieser Fachwissenschaft ist damit Literatur, und zwar ein kleiner Bereich aus einer Fülle von literarischem Material der verschiedensten Epochen und Sprachen der verschiedensten Arten. Er mag seine Besonderheiten haben; zunächst ist aber klar, daß er mit den gleichen empirisch-rationalen Methoden untersucht werden kann und muß wie alle übrigen Literaturen. Die Bibelwissenschaft ist somit ein kleiner Zweig der Literaturwissenschaften; sie ist Literaturwissenschaft“ (Richter, *Exegese,* 12). Doch diese so einsichtige, ja selbstverständlich klingende Definition entpuppt sich als schwierig und einseitig, wenn man nach dem fragt, was denn den Bibelwissenschaftler oder Exegeten vom Literaturwissenschaftler für altorientalische, hebräische oder griechische Literatur unterscheidet. Zweifellos handelt es sich bei der Bibel um Literatur, so daß die Bibelwissenschaft Literaturwissenschaft ist, aber die Bibelwissenschaft hat eine Besonderheit, die darin besteht, daß sie nicht mehr, sondern weniger ist als ein Zweig der Literaturwissenschaft. Dieses Weniger wird dadurch bestimmt, daß die Bibelwissenschaft nicht mit der Literatur eines bestimmten Volkes, einer bestimmten Zeit, eines bestimmten Raumes oder einer Stilrichtung u. ä. befaßt ist, sondern mit einer – wie auch immer begründeten und gestalteten – *Auswahl* der Literatur eines bestimmten Volkes, einer Zeit, eines Raumes etc. Selbstverständlich zieht der Bibelwissenschaftler auch Literatur aus dem Umfeld der Bibel heran, um die biblischen Texte besser verstehen und erklären zu können; aber Selbstverständnis und Fachdefinition legen den Bibelwissenschaftler eben auf die Bibel fest, was zur Folge hat, daß alle nichtbiblische Literatur – ob aus dem Alten Vorderen Orient oder aus der klassischen Antike – hier nur eine untergeordnete Funktion übernehmen kann. Wenn man die Bibel als zufälliges und willkürliches Konglomerat von Einzeltexten betrachtet, dann ist die zitierte Definition von Richter sachgerecht; wenn man aber die Bibel als Bibel, d.h. in der Besonderheit ihrer Einheit verstehen und erklären will, greift die genannte Definition zu kurz. Der Gegenstand der Exegese ist ein *Buch aus Büchern*, hinter dessen Zusammenstellung, Auswahl, Abgrenzung und Tradierung die Interessen einer (Glaubens-)Gemeinschaft stehen. Das *Interesse* der Gemeinschaft an der Herausbildung der Bucheinheit (Kanon) findet seinen Ausdruck darin, daß dieses Buch als *Heilige Schrift* bezeichnet wird. Damit wird das Literarische dieses Buches und all seiner Teile nicht aufgehoben, aber die Auslegungsmethoden, die diesem spezifischen Gegenstand adäquat sein wollen, müssen auch diesen Aspekt des biblischen Kanons berücksichtigen. Alle Methoden der Bibelwissenschaft müssen also zuerst einmal ganz und gar literaturwissenschaftlich sein; sodann müssen sie aber auch ebenso die Produktions- und Rezeptionsinteressen der Bucheinheit *Bibel* erheben, weil die zu behandelnde Literatur der Bibelauslegung in einem Korpus, dem Kanon, zu einer Einheit zusammengefaßt ist. Daraus ergibt sich schließlich, daß die Bibelauslegung auf eine historische Dimension nicht verzichten kann, weil der Gegenstand der Auslegung, die Bibel, selbst Produkt eines längeren Wachstumsprozesses ist und uns Heutigen dieses Produkt nicht durch archäologische Entdeckungen oder die Vorlieben von Altertumswissenschaftlern oder Literaturexperten vorliegt, sondern aufgrund eines kontinuierlichen Überlieferungsprozesses mit spezifischen Rezeptionsinteressen, was am kürzesten im Stichwort *Glaubensurkunde* zusammengefaßt werden kann. Soll Bibelauslegung als Verstehen durch die Kommunikation zwischen Text und Leser gelingen, dann sind die genannten Faktoren zu berücksichtigen, weil sie sicherstellen, daß beide Seiten dieser Begegnung (Text und Leser) zu ihrem Recht kommen. Doch bevor die Brücke geschlagen werden kann zwischen dem *alten Text* und dem *heutigen Leser*, sind die beiden Seiten dieser Begegnung in ihren jeweiligen Kontexten genauer zu betrachten.

1. Die Textwelt

Fragt man nach dem Besonderen und Eigenen von Texten, dann ist das einfachste und ganz und gar selbstverständliche Grunddatum aller Texte, daß sie „Zeit haben", d.h. daß sie irgendwann entstanden sind und nicht – was auch und gerade im Blick auf die Bibel zu betonen ist – „vom Himmel gefallen" sind. Texte kommen also aus einer *Welt*. Daß es aber gar nicht so einfach ist, die Welt eines Textes im Hinblick auf ihre Bedeutung für den Text zu bestimmen, zeigt die Bibel eindrücklich, wenn man nämlich nach *der Welt der Bibel* fragt. Ist diese Welt der Bibel in den Ländern des Mittelmeerraumes, besonders dem Heiligen Land, Israel oder Palästina – als Bühne, auf der Gottes Geschichte mit den Menschen gespielt hat –, zu finden, oder ist diese Welt der Bibel in den versunkenen Kulturen des alten Zweistromlandes (Mesopotamien), Ägyptens, Syriens oder Palästinas zu finden? Dann wäre die Welt der Bibel das – vor allem archäologisch nachweisbare – kulturelle Umfeld der biblischen Geschichten. Die Verbindung zwischen der Bibel und dem einen oder anderen Bereich vorderasiatischer Völker oder Kulturen ergibt sich dann aus bestimmten biblischen Themen, wie z.B. dem Exodus aus *Ägypten*; der Landnahme bzw. Seßhaftwerdung der Stämme Israels in *Kanaan*, dem Exil der Juden in *Babylon*, der Konfrontation Jesu mit den Machthabern des *Römischen Weltreiches* etc. Man kann aber auch fragen, ob die Welt der Bibel nicht eher in den Glaubensvorstellungen und religiösen oder kultischen Praktiken zu finden ist, von denen die biblischen Schriften berichten. Mit ihnen betritt man doch eine große – für uns fremde – Welt von theologischen Konzeptionen, tiefgreifenden Gotteserfahrungen, die sich in Geschichten verdichtet haben, und zahlreichen Anweisungen, die ein Leben und Bestehen im Glauben durch alle Wirren des Alltags hindurch ermöglichen: Wo also ist die *Welt der Bibel* denn zu finden? Eher in ihrer Glaubenswelt, oder doch eher in ihrer, der Bibel, Umwelt, oder vielleicht sogar in ihrer eigenen Lebenswelt, d.h. in den Formen, Arten und Weisen, wie sich das alltägliche Leben der Menschen – von der Wiege bis zur Bahre – jeweils abgespielt hat? Wenn wir von der Bibel reden, reden wir immer von einem Buch, wenn auch von einem besonderen (s.o. I. 2.), so daß die Welt der Bibel zumindest in einem entscheidenden Aspekt eine *Welt der Bücher* ist. Das, was alle Welt der Bücher ausmacht, die Besonderheit, das ganz normal Menschliche aller Literatur, gehört auch zur Bibel: Nämlich daß da Menschen sind, die ihre Erfahrungen, Gefühle, Wünsche und Gedanken mit all ihren – literarischen – Mitteln festhalten. In dem aber, was in der Bibel festgehalten ist und mit welcher Intention aus dieser Welt der Bücher ein einziges Buch mit seiner Welt geworden ist, läßt sich erkennen, daß diese Literatur eine Dimension beinhaltet, die das rein Menschliche übersteigt, insofern man sie als Glaubenszeugnis überliefert und konstatiert, daß sich in ihr – auf welche Weise auch immer – Gott zu Wort meldet. Dieses schwer zu fassende Glaubensphänomen, das sich in Menschenwörtern Gottes Wort findet, beanspruchen biblische Texte vielfach in ihrem Selbstzeugnis, so vor allen Dingen, wenn die Propheten das, was sie sagen, ausgeben als „Spruch Gottes“ oder einleiten durch „so spricht Gott“. Vom Selbstverständnis biblischer Texte und dem Zeugnis ihrer Tradition muß man also auch festhalten, daß die Welt der Bibel zugleich auch *die Welt des Glaubens* ist.

Liegt also eine Besonderheit der Bibel darin, daß sie ein durch Menschen buchgewordenes Glaubenszeugnis ist, verschriftete Glaubenserfahrung, dann wird auch verständlich, warum sie eine Lebenswelt und eine Umwelt hat, ohne die sie als solches Glaubenszeugnis gar nicht zu verstehen ist. Die Bücher der Bibel legen, um diese ihre Besonderheit auszudrücken, auch größten Wert auf Konkretion im Bereich von Ort und Zeit (als Grundvoraussetzung allen menschlichen Lebens). Diese Konkretion von Ort und Zeit hält fest, daß es sich bei der Bibel um Erfahrungen und Zeugnisse ganz konkreter Menschen handelt, die zu bestimmten Zeiten an bestimmten Orten lebten. *Welt* in den verschiedenen skizzierten Dimensionen gehört also unlösbar zu Texten – auch und gerade zur Bibel.

Doch nicht nur eine Welt gehört zu einem Text, sondern es sind verschiedene Welten, mit denen ein Text in Verbindung steht. Zum einem steht der Text als entstandener mit der Welt seiner Entstehung in Verbindung, zum anderen als gelesener Text mit der Welt, in die er durch das Lesen gestellt wird. Letzteres begegnet uns zwar als *Leserwelt* (s. u. 2.), ist aber dennoch eine Welt, die nicht ganz losgelöst vom Text zu denken ist, weil die Definition von Menschen als *Leser* Texte schon mit einschließt.

Aber auch die Textwelt ist nicht einförmig, sondern kann deutlich noch einmal unterschieden werden in die *Welt des Textes* als Welt, aus der der Text stammt oder anders gesagt als „Welt hinter dem Text“ (G. Steins) und als die Welt, die durch den Text entsteht, was die *erzählte Welt* des Textes ebenso erfaßt wie „den Text als eigene Wort-Welt“ (G. Steins). Dem ersten Aspekt, der Welt des Textes, muß gerade dann, wenn der Text aus einer ganz anderen Welt – dem Leser fernen Zeit und Kultur – entstammt, eine besondere Aufmerksamkeit gewidmet werden. Diese beginnt zumeist schon bei der Arbeit der Übersetzung aus einer fremden Sprache, wird dann weitergeführt durch intensive sprachliche Analysen, wie sie in den Methodenschritten der historisch-kritischen Exegese (s.o. III. 2.) vorgestellt wurden, und erhält schließlich eine wichtige Abrundung durch sozialgeschichtliche, soziologische, kultur-anthropologische etc. Arbeiten, die den Text in seiner Welt zu situieren vermögen. Auch für die Bibel gilt hier, daß von der intensiven und aufwendigen Analyse auf diesem Feld der Textarbeit für den Prozeß des späteren Verstehens nicht abgesehen werden kann, weil weite Bereiche versunkener und vergangener Kultur sich uns nur über derartige Textarbeit erschließen. Hier greifen notwendigerweise die Arbeiten von Altertumswissenschaftlern, Orientalisten, Altphilologen etc. und der Bibelwissenschaft ineinander, um eine Welt der Texte wiederherzustellen (zu rekonstruieren). Es kann nicht verschwiegen werden, daß so manche bibelwissenschaftliche Arbeit vorgibt, mit der Rekonstruktion dieser Textwelt schon die Arbeit der Auslegung des Textes geleistet zu haben. Doch es gibt noch ganz andere Ansätze, die in vergleichbarer Weise wie solche Einseitigkeiten den Sinn eines Textes sozusagen in einer Welt hinter dem Text zu entdecken suchen. Von einem gewissen Gesichtspunkt her tut dies nämlich auch die sogenannte *tiefenpsychologische Exegese*. „Die Einordnung dieses Zugangs neben der historisch-kritischen und der sozialgeschichtlichen Auslegung mag überraschen, denn Vertreter der tiefenpsychologischen Exegese üben nicht selten scharfe Kritik an diesen Ansätzen. Historische Fragen spielen denn auch innerhalb dieses Ansatzes keine Rolle. Dennoch ergibt es eine erstaunliche strukturelle Parallele zwischen diesen Ansätzen, denn auch die tiefenpsychologische Exegese, die sich v.a. durch Carl Gustav Jungs Spielart der Psychoanalyse inspirieren läßt, sucht den Sinn in der Welt hinter dem Text. Die Welt ist nicht die des konkreten geschichtlichen Lebens, sondern die zu allen Zeiten und für die Menschen aller Zeitzonen identische Welt der Archetypen, die das Handeln letztlich leiten und die grundlegenden religiösen Erfahrungen der Menschen prägen. Dem Ansatz kommt das Verdienst zu, die Symbolsprache der biblischen Texte und die therapeutische Seite des Glaubens wieder stärker bewußt gemacht zu haben“ (G. Steins, *Bibel,* 145).

Demgegenüber gibt es aber auch die Welt, die der Text selbst entstehen läßt durch das Sinngefüge, das er darstellt. Unabhängig von den Fragen seiner Entstehung und dem, was das Außertextliche, die Welt hinter dem Text, zu seinem Verständnis beitragen kann, stellt jeder Text auch eine autonome Größe dar. Durch seine sprachliche Gestalt ermöglicht der Text einem Leser den Zugang zu einer Welt, die der Text selbst bildet. Streng genommen ist der Leser ja auch nur mit der „Wort-Welt“ des Textes konfrontiert, denn es wurde schon im Zusammenhang der verschiedenen *intentiones* darauf aufmerksam gemacht, daß der Text, der als Bote zwischen Autor und Adressat fungiert, der ausschließliche *Ansprechpartner* für den Adressaten/Leser ist. Gleichwohl hat der Autor mit seinem Text, den er auf den Weg gegeben hat, Absichten verbunden, die in der sprachlichen Struktur des Textes festgehalten sind. Der Text kann in seiner sprachlichen Struktur natürlich diese Absichten seines Autors mehr oder weniger gut bereithalten, und er kann sogar vom Autor nicht Beabsichtigtes beinhalten. Unabhängig vom Verhältnis zum Autor enthält der Text als Text aber eine Aussage und eine Absicht, die am Text erhoben werden kann. Dieser Welt des Textes wendet sich besonders die sogenannte *Textpragmatik* zu, die davon ausgeht, daß Texte bei ihren Hörern oder Lesern etwas bewirken wollen. Die Besonderheiten der Textpragmatik gegenüber der historisch-kritischen Bibelwissenschaft faßt Hubert Frankemölle in vier Punkten zusammen:

1. „Ein pragmatisches Textverständnis macht damit ernst, daß ein bestimmter Autor bei bestimmten Adressaten mit dem Text etwas erreichen will, Verhaltensweisen verändern will. Biblisch-pragmatische Exegese ist der Versuch, einen Text des Alten bzw. Neuen Testamentes zunächst in Weiterführung der historisch-kritischen Exegese als Element einer einmaligen vergangenen Kommunikation auszulegen.

2. Texte wollen in ihrer übergreifenden Einheit als Komposition (Brief, Evangelium) etwas bewirken. Daraus folgt: Einzelne Verse oder Perikopen sind im Sinne der Verfasser *text*-pragmatisch als Elemente des Gesamtwerkes auszulegen (nicht nach Art der liturgischen Perikopenzerstückelung oder der allseits praktizierten ‚Steinbruch-Exegese').
3. Nicht nur der Verfasser, sondern auch die Empfänger des Textes sind im pragmatischen Textmodell konstitutiv für die Realisierung des Sinns, der im Text potentiell vorhanden ist. Der Satz: ‚Was wollte Paulus seinen Lesern mit seinem Brief sagen?' ist zu ergänzen durch den Satz: ‚Wie haben die Adressaten den Brief des Paulus gelesen?' Erst durch die Rezeption des Lesers wird die ‚tote Wahrheit' des Textes lebendig.
4. In Weiterführung der historisch-kritischen Exegese (jedoch in Anknüpfung an Erkenntnisse der existentialen Interpretation etwa Rudolf Bultmanns und an rezeptionsorientierte Ansätze in der Sprachwissenschaft) macht die pragmatische Exegese damit ernst, daß der Text nicht nur bei seinen Ersthörern/-lesern etwas bewirken wollte und den Akt der Rezeption bewirkt hat, sondern auch heute noch bei jedem pragmatisch wirkt, der sich mit dem Text und seinem Sinnangebot, seinem Modell der Wirklichkeitsdeutung und der Wirklichkeitsbewältigung beschäftigt. Der Rezipient ist ein anderer, als er vor der Lektüre des Textes war. Das Eintauchen in den Strom der Wirkungsgeschichte ist keine äußerliche Benetzung, sondern eine durchdringende Verwandlung der Neuorientierung des Lebens im Akt der Rezeption" (H. Frankemölle, *Handlungsanweisungen*, 11).

Dieser Ansatz setzt selbstverständlich beim Text an und gehört deshalb in diesen Abschnitt, der sich der Textwelt widmet. Gleichwohl kommt eine solche pragmatische Bibelauslegung nicht ohne die Berücksichtigung des Rezipienten/Lesers aus, was in den letzten beiden der oben genannten vier Punkte zur Sprache kommt. Insofern für ein solch textpragmatisches Modell der Leser aber konstitutiv ist, gehört es in den Bereich der Leserwelt (s.u. 2.). Wenn es also gute Gründe für die Einordnung textpragmatischer Betrachtungen in den Bereich der *Textwelt* und der *Leserwelt* gibt, dann ist dies ein deutliches Zeichen dafür, daß mit diesem Ansatz eine Verbindung hergestellt wird zwischen Text und Leser, und daß dadurch eine der wichtigsten Bedingungen für das Verstehen von Texten und ihre Auslegung (s.o. II.) gegeben ist.

2. Die Leserwelt

In Entsprechung zu der Ausdifferenzierung der Textwelt in eine Welt des Textes bzw. die Welt hinter dem Text und die Wort-Welt, die den Text als Welt erkennen läßt, läßt sich auch die Leserwelt unterscheiden in eine Welt des Lesers im Sinne der Welt, die hinter dem Leser steht, aus der er stammt und in der er sich befindet, und eine Lebens-Welt, auf die der Text trifft, die er verändert und die den Leser selbst als Welt erkennen läßt.

Die Welt des Lesers bildet das Pendant zur Welt des Textes. Wie der Text ist auch der Leser raum- und zeitabhängig. Sein Verstehen des Textes wird von zahlreichen Faktoren mitbestimmt. Und es ist gerade die Forschungsrichtung der Rezeptionsästhetik, die sich ganz und gar diesen Rezeptionsbedingungen verschrieben hat. Hier kommt das alte hermeneutische Prinzip *quidquid recipitur, recipitur ad modum recipientis* zum Tragen, das eben besagt, daß alles, was rezipiert wird, nach der Art des Rezipienten rezipiert wird. Ein Text kann also gar nicht anders als in absoluter Abhängigkeit von dem, was der Rezipient vorgibt, aufgenommen werden. Die Welt des Lesers betrifft folglich nicht nur seine allgemeinen Lebensbedingungen sowie den zeitlichen und kulturellen Kontext, in dem er steht, sondern auch die Art und Weise, wie er rezipiert. Sofern er nämlich nicht der Erstadressat eines literarischen Werkes ist, liegt zwischen ihm und dem Werk schon eine Rezeptions- bzw. Wirkungsgeschichte. Als Leser begegnen uns die Texte zumeist in doppelter Weise: Direkt in der Form des vorliegenden Textes *und* indirekt über die Wirkung, die der Text schon hervorgebracht hat und die sich sowohl in der Art seiner Edition als auch in vielfältigen Bezügen zu diesem Werk in der Welt des Lesers (durch Zitate, Anspielungen, Aufnahmen, Übertragungen in andere Medien wie Film, Bild, Musik etc.) zeigt. Insofern die Bibel nicht nur als religiöses oder theologisches Buch gewirkt hat, sondern unsere Kultur weithin geprägt hat, kann der Aspekt der Begegnung mit der Bibel ohne einen speziellen Text kaum zu hoch veranschlagt werden, weil biblische Gedanken, Formulierungen und Sprachbilder in alle Bereiche unserer Kultur eingegangen sind. Der bekannte Dichter Elias Canetti hat genau diesen Gedanken in einen Aphorismus gebracht: „Ohne sie zu lesen, *bist du* in der Bibel" (*Das Geheimherz der Uhr*, Frankfurt 1990, 182).

Gerade bei der Bibelauslegung ist man mit einer Rezeptions- und Wirkungsgeschichte konfrontiert, die uns als *Überlieferung* der Bibel auch vor Augen führt, daß in der Welt des (heutigen) Lesers der Text (Bibel) schon in irgendeiner Weise vorhanden ist. Im Blick auf die Fragen der Konzeption von Bibelauslegung will das aber nicht besagen – und darf nicht dahingehend mißverstanden werden –, daß es einen schnellen Brückenschlag zwischen Bibel und Lesern geben soll oder kann. Vielmehr verweist die Beobachtung darauf, daß ein solcher Brückenschlag gar nicht unmittelbar und einfach gelingen kann, weil der Text für das Verstehen geradezu *eingewikkelt* ist in die vielen Schichten seiner Wirkungsgeschichte. Die Welt des Lesers impliziert damit auch eine Differenz zwischen den Lesern als Adressaten, nämlich als unmittelbare (Erstadressaten) oder mittelbare (alle späteren).

Diese Differenz wird in den Mittelpunkt des Interesses gestellt, wenn man, wie angedeutet, den *Leser als Welt* betrachtet, insofern der Text hier nicht auf die Welt hinter dem Leser in ihrer Gänze trifft, sondern eben auf einen Ausschnitt dieser Welt, auf den der Text einwirkt und den er verändern kann. Mit diesem Aspekt des Lesers als Welt ist man wieder bei den Fragen angelangt, wie Text und Leserwelt miteinander in Beziehung treten bzw. wie die Faktoren dieser Beziehung beim Verstehensprozeß und bei der Auslegung berücksichtigt werden können. Bei der Behandlung der Textwelt brachen die Fragen gerade dort auf, wo vom Ansatz der Textpragmatik her die Bedeutung des Lesers in den Blick kam (s.o. 1.). Nun steht man auf der Seite des Lesers und muß feststellen, daß genau da, wo der Leser als Welt in den Blick genommen wird, die Kritik an der sinnkonstituierenden Funktion des Lesers, wie sie die Rezeptionsästhetik z.T. proklamiert, aufbricht. Die extreme Position innerhalb der Rezeptionsästhetik geht nämlich immer vom konkreten, d.h. heutigen Leser aus, weil dieser dem Text begegnet. Hier geht es dabei, das muß fairerweise betont werden, um die Relation Text-Leser im Gegensatz zur Relation Leser-Autor. Doch sie vernachlässigt dabei das Phänomen der Überlieferung von Texten, das mit der Differenz von Erstadressaten und späteren Adressaten verbunden ist. Wenn man diese Differenz aber berücksichtigt – unabhängig von der Problematisierung, ob man als Erstadressaten die realen Erstleser auffaßt oder die impliziten Leser des Werkes –, wird man in jedem Fall auf das Eigengewicht des vorgegebenen Textes und der ihm inhärenten Pragmatik verwiesen. Beide Aspekte, Rezeption und Pragmatik, müssen also berücksichtigt werden, damit die Position des (heutigen) Lesers gegenüber den Texten präziser erfaßt werden kann. Wenn man nicht nur nach dem Geschehen zwischen Text und Leser fragt, sondern nach Auslegung und Interpretation des Textes – in Absetzung vom Benutzen von Texten (s.o. II. 4.) –, dann muß man die kritische Relation zwischen Text und Leser, die die Verbindung von Textpragmatik und Rezeptionsfrage ermöglicht, herstellen.

3. Falsche Alternativen

Hat man sich erst einmal in den Dschungel der zahlreichen Auslegungsarten, die sich für die Bibel in Geschichte und Gegenwart finden, begeben, dann bleibt einem die Einsicht nicht erspart, daß es hier nicht um ein friedliches Nebeneinander verschiedener Arten und Formen geht, die je nach Bedarf gebraucht werden können, sondern daß es hier heftige Konkurrenzkämpfe gibt. Sie entstehen meistens durch Verabsolutierung einer Auslegungsart, wobei dies seltener in der jeweiligen Theorie des Ansatzes zu finden ist als hauptsächlich in der Praxis ihrer Anwender. Massive Auseinandersetzungen hat es zwischen der etablierten historisch-kritischen Exegese und den zahlreichen neuen Auslegungsarten gegeben – und gibt es, wenn auch gedämpfter, weiterhin. Den Boden dieser Streitpunkte haben oft auch falsche Erwartungshaltungen bereitet, indem sie das, was sie selbst mit der einen oder anderen Auslegungsart an Texterschließung erlebt und erfahren haben, zum Maßstab für Auslegung insgesamt gemacht haben. Es ist auch ein nicht zu leugnendes Erfahrungsdefizit, das durch die historisch-kritische Auslegung entstanden ist, was neue Auslegungsarten hervorgebracht hat, die dann wiederum die historisch-kritische Auslegung in Frage gestellt haben. Nach der Vorstellung von 13 verschiedenen Auslegungsarten bringt Horst Klaus Berg diese Gegenüberstellung von historisch-kritischer Methode hier und neuen Auslegungsarten da auf den Punkt: „Eins steht jedenfalls fest: Wer sich mit der Existentialen Interpretation oder der Strukturalen Analyse beschäftigt hat, wer mit Fragestellungen der Tiefenpsychologischen Exegese oder mit Interaktionalen Methoden an einen Text herangegangen ist, wer die Dynamik des Befreiungstheologischen oder Jüdischen Verstehens geschmeckt hat – um nur einige zu nennen –, wird sich künftig kaum noch mit hermeneutischer Einheitskost zufriedengeben. Vielleicht ist das schöne Bild vom gedeckten Tisch, das die jüdische Hermeneutik verwendet (‚Schulchan aruch‘ = gedeckter Tisch, heißt ein mittelalterliches Werk, das das Verstehen der Überlieferung methodisch ordnet), am besten geeignet, um sich die Fülle der Verstehensmöglichkeiten zu verdeutlichen: Wer wird sich angesichts der reich gedeckten Tafel dennoch an den hermeneutischen Katzentisch (der historisch-kritischen Exegese) nötigen lassen, an der Schmalhans Küchenmeister ist?" (H.K.Berg, *Wort*, 407).

Das Mißverständnis, das in bezug auf die historisch-kritische Auslegung entstanden ist, ergibt sich aber nicht nur aus ihrem Erfahrungsdefizit oder falschen Erwartungen derer, für die die Texte ausgelegt werden. Vielmehr haben die Vertreter der historisch-kritischen Exegese, die Fachexegeten, allzuoft in einer Art Ursprungsromantik das, was sie als ursprünglichen Sinn eines Textes mühsam erhoben haben, als heutigen Sinn ausgegeben. Dies mag zwar im Einzelfall auch durchaus fruchtbar sein, insofern durch den so erarbeiteten Ursprungssinn den Hörern oder Lesern ein neuer Sinn eines vielleicht bekannten Textes aufgeht, den sie bis dahin immer anders verstanden haben oder der ihnen anders ausgelegt wurde, doch vom Standpunkt der Bibelauslegung her ist dies in keinem Fall eine Alternative zu der für das Verstehen notwendigen Begegnung und Kommunikation zwischen Text und Leser, die beide Seiten von ihren Voraussetzungen her ernstnimmt. Wenn es um das Verstehen von Texten geht, das sich in der Kommunikation von Text und Leser ereignet, dann hilft es letztendlich wenig, wenn man die eine oder andere Seite – Textwelt oder Leserwelt – zugunsten der anderen vernachlässigt. Dies geschieht sowohl, wenn Vertreter der historisch-kritischen Auslegung glauben machen wollen, daß es ihrer Auslegungsart um die Gegenwartsbedeutung eines Textes gehe, als auch dort, wo der Text selbst nur noch in seiner Funktion für den Leser gesehen wird. Ersteres läßt sich in zahlreichen gut gemeinten Ansätzen finden, wo man zum Abschluß historisch-kritischer Arbeit in einem weiteren Schritt die *theologische Bedeutung* des untersuchten Textes zu erheben sucht. Auf der Basis des zuvor historisch-kritisch Erarbeiteten geschieht dies nicht selten dann in einer Art Übertragung, die nach situativen Vergleichsmomenten der erarbeiteten Ursprungssituation – der des Textes selbst oder der im Text erzählten – sucht, um vergleichbare Situationen im Heute zu finden. Solche Übertragung oder theologische Anwendung, die beispielsweise in der Sozialkritik eines Propheten Amos („den Unschuldigen für Geld verkaufen ... das Recht der Schwachen beugen" Am 2,6 f.) eine Vorabbildung der gesellschaftlichen Mißstände aller Zeiten entdeckt und so eine Allgemeingültigkeit des Textes propagieren kann, mag ein (rhetorisch) probates Mittel für die Verkündigung oder Predigt zu einem Text sein, zu seiner reflektierten Auslegung trägt Derartiges allerdings wenig bei. Die Zurückstellung oder gar Ausblendung des Textes unter funktionalen Gesichtspunkten mit Blick auf Leser/Hörer ist oft daran zu erkennen, daß die Texte austauschbar werden. Dies geschieht beispielsweise oft im Zusammenhang mit tiefenpsychologischen Auslegungen, die die Selbstfindung des Individuums vom Bibeltext her anstoßen wollen, dafür aber in gleicher Weise auch Märchen oder Mythen benutzen, so daß es nur in einem untergeordneten Sinn um *Bibel*auslegung geht.

Bevor Auslegungsarten miteinander konfrontiert werden, ist ihre je spezifische Leistung – nach Möglichkeiten und Grenzen – in den Blick zu nehmen. Das häufig als abschreckende Beispiel benutzte Bild, bei der Arbeit historisch-kritischer Exegese ginge es zu wie beim Leichensezieren, macht die verschiedenen Probleme, die in solcher Abgrenzung stecken, noch einmal deutlich. Das Bild vom Leichensezieren hat nämlich nur dann etwas Schreckliches, wenn man die beiden Bildhälften – Leiche und Bibeltext – aus dem ihnen je eigenen Kontext löst: So wenig wie der Patient wünscht, daß der Arzt bei gerade seiner Operation seine ersten anatomischen Kenntnisse sammelt oder andererseits jemand das Sezieren einer Leiche als Heilungsversuch werten würde, sowenig darf der Bibelleser erwarten, daß die historisch-kritische Methode ihm unmittelbar eine aktuelle Relevanz des Bibeltextes vermitteln könnte und wollte. Die historisch-kritische Methode kann und darf den Sprung in die Gegenwartsbedeutung nicht tun, vielmehr soll und kann sie einen Text für eine verantwortungsvolle Auslegung auf die Gegenwart hin vorbereiten, indem sie den Textsinn herausarbeitet. Dies bedeutet auf der anderen Seite nicht, daß jede aktualisierende Auslegung nur möglich wäre, wenn sie zuvor die Schritte der historisch-kritischen Methode durchlaufen hat, denn ihr Anliegen besteht ja gerade darin, die Anliegen der Leser an den Text heranzubringen.

Fehlformen der Bibelauslegung gehen immer auf so oder so geartete „falsche Alternativen“ zurück. Ob es die sogenannten

Apologeten der frühen Kirche sind oder die Fundamentalisten heutiger Tage, ob es die Form der Besitzstandwahrung moderner etablierter Bibelauslegung im wissenschaftlichen Gewand historisch-kritischer Forschung ist oder der als revolutionäre Befreiungsschlag auftretende Anspruch manch neuer Auslegungsart, immer führen *Einseitigkeiten* und *Polarisierungen* dazu, daß es letztendlich nicht zur Bibelauslegung im Sinne der Übersetzung und Erklärung der biblischen Botschaft in eine neue Zeit für immer andere Leser/Hörer kommt. Einseitigkeiten und Polarisierungen sind im Kontext der Bibelauslegung daran zu erkennen, daß die vorgegebene Vielfalt am einen und/oder anderen Punkt reduziert oder gar geleugnet wird: Die Vielfalt der Bibelleser (durch die Zeiten und auch heute), die Vielfalt der Ausgangspunkte und Fragestellungen, die sich in der Vielfalt daraus erwachsener Zugangsweisen und Auslegungsarten widerspiegelt, und schließlich die Vielfalt der Bibel selbst, die ein Buch aus vielen Büchern ist.

4. Ein dritter Weg?

Als „dritten Weg“ bezeichnet man Kompromißlösungen, die zwischen entgegengesetzten Polen vermitteln. Solche Kompromißlösungen machen deutlich, daß die Wahrheit nicht ausschließlich hier oder da zu finden ist, sondern daß ein optimales Ergebnis nur zu erreichen ist, wenn die verschiedenen Seiten das ihnen Eigene in die Lösung einbringen können. Für die anstehende Problematik heißt das als erstes: *Die* Bibelauslegung im Sinne einer einzigen Methode gibt es nicht und kann es auch nicht geben. Aus den Beobachtungen zur Besonderheit der Bibel und der Auslegung im allgemeinen sind in den vorausgegangenen Abschnitten schon eine Reihe von Differenzierungen und Optionen formuliert worden, die für das, was Bibelauslegung ist und sein muß, konstitutiv sind. Da ist die Basisunterscheidung von Interpretieren und Benutzen, die hilft, abzustecken, was Auslegung leisten will und kann. Hinzu kommt die wissenschaftstheoretische Forderung, daß jede Methode ihrem Untersuchungsgegenstand adäquat sein muß.

Das bedeutet für die Bibelauslegung, daß dem Faktum, daß die Bibel nicht nur eine gewachsene Vielfalt von Büchern darstellt, sondern eine bewußt konzipierte Einheit (Kanon) ist, dadurch Rechnung zu tragen ist, daß die Auslegung sowohl rein literarische als auch kanonspezifische Methoden miteinander verbinden muß. Dies wiederum findet eine Entsprechung und Fortführung auf der Ebene der Unterscheidung zwischen Leserperspektive und Textperspektive, weil beide, wenn es um Auslegung und Verstehen geht, zu ihrem Recht kommen müssen, denn nur so kann eine Kommunikation zwischen Text und Rezipienten zustande kommen.

Gerade die rein literaturwissenschaftliche Betrachtung, die zuerst einmal davon ausgegangen ist, daß die Bibel ein *Buch* ist, konnte darauf aufmerksam machen, daß bei aller (notwendigen) Vielfalt der Auslegungen und Auslegungsarten es durchaus Limitierungen geben kann. Mit Umberto Ecos Hinweis, daß eine Interpretation, die der *intentio operis* entgegensteht, als Fehldeutung zu werten ist, läßt sich nicht nur die eine oder andere vorliegende Bibelauslegung negativ bewerten und ausgrenzen, sondern mit ihr kann man auch positiv bei der Frage der verschiedenen Auslegungsarten operieren. Sieht man nämlich, daß das gesamte Instrumentarium der historisch-kritischen Exegese darauf ausgerichtet ist, den ursprünglichen Textsinn zu heben und zu wahren, dann wird man gerade angesichts heutiger Ausdifferenzierungen dieser Methode im Blick auf verfeinerte literarische und strukturelle Analysen festhalten können, daß die historisch-kritische Methode das herausarbeitet und feststellt, was Umberto Eco mit der *intentio operis* meint. Das wiederum bedeutet aber, daß die historisch-kritische Methode noch keine Auslegung eines Textes bietet, sondern erst zu deren einer Seite, der Textwelt, beiträgt und – um mit den Worten Umberto Ecos zu sprechen – die „Grenzen der Interpretation“ festlegt. Nicht mehr und nicht weniger vermag diese Methode also zu leisten: Sie ist die Anwältin des (ursprünglichen) Textsinns, der *intentio operis*, was sich durchaus produktiv als kritisches Potential fruchtbar machen läßt, wenn man mit anderen Auslegungsarten beim Leser, sowohl dem ersten als auch allen späteren (s.o. 2.), unter Aspekten von Pragmatik und Rezeption ansetzt.

In der Auslegung treffen aber nicht nur Textsinn und Lesersinn aufeinander und kommen miteinander ins Gespräch, sondern dieses Gespräch wird geradezu vermittelt durch den Überlieferungsprozeß des Bibeltextes, der sich in *Rezeptionssinnen* niedergeschlagen hat. Diese *Rezeptionssinne*, die auf die Wirkungs- und Auslegungsgeschichte des Bibeltextes verweisen, führen aber noch weiter in den Kern der Bibelauslegung hinein, weil die Bibel selbst zu einem entscheidenden Teil Produkt von Auslegung ist: Auslegung von Erfahrenem und Widerfahrenem am Anfang, was dann verschriftet weitergegeben wurde, um zur Grundlage weiterer (fortschreibender) Auslegungen zu werden, die schließlich in einem auslegenden Abschlußprozeß, der Kanonisierung, einmündeten und so zur Grundlage dessen wurden, was alle späteren mit Bibelauslegung verbinden.

Auf diesem so kurzen und knapp skizzierten Hintergrund ist es einsichtig, daß Bibelauslegung nur in einem *relationalen Pluralismus* gelingen kann. In diesem relationalen Pluralismus müssen die verschiedenen Ansätze, Zugangsweisen und Methoden aufeinander bezogen werden, und zwar, indem sie *zielgerichtet* in eine Relation gebracht werden. Aus dieser Relation wird dann auch auf dem Hintergrund der sprach- und literaturwissenschaftlichen Erkenntnisse, die ja gerade bei der Vieldeutigkeit (*Polysemie*) geschriebener Texte ansetzen, deutlich, daß Bibelauslegung auch heute wieder dort ist, wo sie bereits angefangen hat, nämlich bei den Fragen nach mehreren Schriftsinnen (s.o. III. 1.). Aber schon die frühen Versuche, die verschiedenen übertragenen Schriftsinne vom sogenannten Literalsinn her kontrollieren und begrenzen zu lassen, zeigen wie auch die moderne Rückfrage nach dem Textsinn bzw. der *intentio operis*, daß Vielfalt und Vieldeutigkeit nicht mit Willkür und Beliebigkeit gleichzusetzen sind. Vielfalt bedeutet auch bei der Bibelauslegung Reichtum und Fülle, wenn nur die Einheit des Ursprungs beachtet wird, die aus dem „Buch aus Büchern" „das Buch der Bücher" hat werden lassen. Um diese Vielfalt aus der Einheit weiß auch die jüdische Exegese: „*Ist nicht mein Wort wie Feuer* – Spruch des Herrn – *und wie ein Hammer, der den Felsen zerschmettert?* (Jer 23,29). In der Schule des Rabbi Ismael legte man diesen Schriftvers folgendermaßen aus: Was geschieht, wenn der Hammer auf den Felsen aufprallt? Funken sprühen! Ein jeder Funke ist das Ergebnis des Hammerschlags auf den Felsen; aber kein Funke ist das einzige Ergebnis. So kann auch ein einziger Schriftvers viele verschiedene Lehren vermitteln" (J. J. Petuchowski, *Meister,* 7).

Literaturhinweise

Literatur- und kulturgeschichtliche Grundlagen

Assmann, Jan, *Das kulturelle Gedächtnis.* Schrift, Erinnerung und politische Identität in frühen Hochkulturen, München 1992.
Eco, Umberto, *Das offene Kunstwerk,* Frankfurt 1972.
Eco, Umberto, *Die Grenzen der Interpretation,* München 1992.
Eco, Umberto, *Lector in fabula,* München 1987.
Ehlich, Konrad, *Text und sprachliches Handeln.* Die Entstehung von Texten aus dem Bedürfnis nach Überlieferung, in: A. u. J. Assmann/C. Hardmeier (Hg.), Schrift und Gedächtnis – Archäologie der literarischen Kommunikation I, München 1983, 24–43.
Gadamer, Hans-Georg, *Wahrheit und Methode.* Grundzüge einer philosophischen Hermeneutik, Tübingen ^{6}1990.
Link, Hannelore, *Rezeptionsforschung.* Eine Einführung in Methoden und Probleme, Stuttgart ^{2}1980.

Die Bibel als Buch

Lang, Bernhard, *Die Bibel.* Eine kritische Einführung, Paderborn 1990.
Söding, Thomas, *Mehr als ein Buch.* Die Bibel begreifen, Freiburg 1995.

Die Bibel als Heilige Schrift (Kanon)

Brandt, Peter, *Endgestalt des Kanons.* Das Arrangement der Schriften Israels in der jüdischen und christlichen Bibel, Berlin 2001.
Dimitrov, Ivan Z., u. a. (Hg.), Das Alte Testament als christliche Bibel in orthodoxer und westlicher Sicht, Tübingen 2004.
Dohmen, Christoph/Oeming, Manfred, *Biblischer Kanon, warum und wozu?* Eine Kanontheologie, Freiburg 1992.
Hieke, Thomas/Nicklas, Tobias, *„Die Worte der Prophetie dieses Buches“.* Offenbarung 22,6–21 als Schlussstein der christlichen Bibel Alten und Neuen Testaments gelesen, Neukirchen-Vluyn 2003.
Söding, Thomas, *Einheit der Heiligen Schrift?* Zur Theologie des biblischen Kanons, Freiburg 2005.

Theologie der Bibel

Childs, Brevard S., *Die Theologie der einen Bibel,* Bd. 1 u. 2, Freiburg 1994/96.
Dohmen, Christoph/Söding, Thomas (Hg.), *Eine Bibel – Zwei Testamente.* Positionen Biblischer Theologie, Paderborn 1995.

Janowski, Bernd (Hg.), *Theologie und Exegese des Alten Testament/der Hebräischen Bibel.* Zwischenbilanz und Zukunftsperspektiven, Stuttgart 2005.
Oeming, Manfred (Hg.), *Theologie des Alten Testaments aus der Perspektive von Frauen*, Münster 2003.
Rendtorff, Rolf, *Theologie des Alten Testaments.* Ein kanonischer Entwurf. Bd. 1 u. 2., Neukirchen-Vluyn 1999/2001.

Hermeneutische Grundlagen

Dohmen, Christoph/Stemberger, Günter, *Hermeneutik der Jüdischen Bibel und des Alten Testaments,* Stuttgart 1996.
Dohmen, Christoph (Hg.), *In Gottesvolk eingebunden.* Jüdisch-christliche Blickpunkte zum Dokument der Päpstlichen Bibelkommission „Das jüdische Volk und seine Heilige Schrift in der christlichen Bibel", Stuttgart 2003.
Dohmen, Christoph, *Biblische Auslegung.* Wie alte Texte neue Bedeutung haben können, in: Das Manna fällt auch heute noch. Beiträge zur Geschichte und Theologie des Alten, Ersten Testaments (FS E. Zenger), Freiburg 2004, 174–191.
Drewermann, Eugen, *Tiefenpsychologie und Exegese,* Bd. 1 u. 2, Olten 1984/85.
Fuchs, Ottmar, *Praktische Hermeneutik der Heiligen Schrift*, Stuttgart 2004.
Hayes, John H. (Hg.), *Dictionary of Biblical Interpretation.* Bd. 1 u. 2., Nashville 1999.
Hieke, Thomas, *Vom Verstehen biblischer Texte.* Methodologisch-hermeneutische Erwägungen zum Programm einer „biblischen Auslegung": Biblische Notizen 119/120, 2003, 71–89.
Hieke, Thomas, *Neue Horizonte.* Biblische Auslegung als Weg zu ungewöhnlichen Perspektiven: Zeitschrift für Neues Testament 12, 2003, 65–76.
Hossfeld, Frank-Lothar (Hg.), *Wieviel Systematik erlaubt die Schrift?* Auf der Suche nach einer gesamtbiblischen Theologie, Freiburg 2001.
Körtner, Ulrich H. J., *Der inspirierte Leser.* Zentrale Aspekte biblischer Hermeneutik, Göttingen 1994.
Müller, Peter, *„Verstehst du auch, was du liest?"* Lesen und Verstehen im Neuen Testament, Darmstadt 1994.
Schottroff, Luise/Schroer, Silvia/Wacker, Marie-Theres, *Feministische Exegese.* Forschungserträge zur Bibel aus der Perspektive von Frauen, Darmstadt 1995.
Schwienhorst-Schönberger, Ludger, *Studien zum Alten Testament und seiner Hermeneutik*, Stuttgart 2005.

Methoden der Bibelauslegung

Berg, Horst Klaus, *Ein Wort wie Feuer.* Wege lebendiger Bibelauslegung, München 1991.

Bucher, Anton A., *Gleichnisse verstehen lernen.* Strukturgenetische Untersuchungen zur Rezeption synoptischer Parabeln, Freiburg/Schweiz 1990.

Fischer, Georg, *Wege in die Bibel.* Leitfaden zur Auslegung, Stuttgart 2000.

Frankemölle, Hubert, *Biblische Handlungsanweisungen.* Beispiele pragmatischer Exegese, Mainz 1983.

Langer, Wolfgang (Hg.), *Handbuch der Bibelarbeit,* München 1987.

Lohfink, Gerhard, *Jetzt verstehe ich die Bibel.* Sachbuch zur Formkritik, Stuttgart 1992.

Richter, Wolfgang, *Exegese als Literaturwissenschaft.* Entwurf einer alttestamentlichen Literaturtheorie und Methodologie, Göttingen 1971.

Söding, Thomas, *Wege der Schriftauslegung.* Methodenbuch zum Neuen Testament, Freiburg 1998.

Steins, Georg, *Eine Bibel – viele Zugänge und Leseweisen,* in: E. Zenger (Hg.), Lebendige Welt der Bibel, Freiburg 1997, 141–151.

Jüdische Bibelauslegung

Krochmalnik, Daniel, *Schriftauslegung.* Das Buch Exodus im Judentum, Stuttgart 2000.

Krochmalnik, Daniel, *Schriftauslegung.* Das Buch Genesis im Judentum, Stuttgart 2001.

Krochmalnik, Daniel, *Schriftauslegung.* Die Bücher Leviticus, Numeri, Deuteronomium im Judentum, Stuttgart 2003.

Petuchowski, Jakob J., *Wie unsere Meister die Schrift erklären.* Beispielhafte Bibelauslegung aus dem Judentum, Freiburg 1982.

Plaut, Gunther W. (Hg.) *Die Tora.* In jüdischer Auslegung, Bd. 1–5, Gütersloh/München 1999–2004.

Stemberger, Günter, *Midrasch.* Vom Umgang der Rabbinen mit der Bibel, München 1989.

Geschichte der Bibelauslegung

Reventlow, Henning Graf von, *Epochen der Bibelauslegung,* Bd. 1–4, München 1994–2001.

Bibelkommentare (Reihen)

Biblischer Kommentar. Altes Testament (BK-AT)
Das Alte Testament deutsch (ATD)

Das Neue Testament deutsch (NTD)
Die Neue Echterbibel (NEB)
Evangelisch-katholischer Kommentar zum NT (EKK)
Herders theologischer Kommentar zum Alten Testament (HThKAT)
Herders theologischer Kommentar zum Neuen Testament (HThK)
Neuer Stuttgarter Kommentar Altes Testament (NSK-AT)
Regensburger Neues Testament (RNT)
Stuttgarter Altes Testament (SAT, 2004, einbändig)
Stuttgarter Neues Testament (SNT, 2000, einbändig)
Stuttgarter Kleiner Kommentar – Neues Testament (SKK)

Register

Aus dem Verlagsprogramm